Ulrich Franz
**Der digitale Pranger**

# Schriftenreihe der Juristischen Gesellschaft zu Berlin

—

## Heft 196

# Ulrich Franz
# **Der digitale Pranger**

Bewertungsportale im Internet

Aktualisierte und erweiterte Fassung des Vortrages, gehalten am 15. November 2017 vor der Juristischen Gesellschaft zu Berlin

**DE GRUYTER**

*Dr. Ulrich Franz*
Rechtsanwalt, Fachanwalt für Gewerblichen Rechtsschutz, Fachanwalt für Urheber- und Medienrecht, Lehrbeauftragter an der Hochschule für Technik und Wirtschaft (htw), Berlin

ISBN 978-3-11-059679-3
e-ISBN (PDF) 978-3-11-059815-5
e-ISBN (EPUB) 978-3-11-059759-2

**Library of Congress Control Number: 2018937504**

**Bibliografische Information der Deutschen Nationalbibliothek**
Die Deutsche Nationalbibliothek verzeichnet diese Publikation in der Deutschen Nationalbibliografie; detaillierte bibliografische Daten sind im Internet über
http://dnb.dnb.de abrufbar.

© 2018 Walter de Gruyter GmbH, Berlin/Boston

www.degruyter.com

# Inhalt

# Inhalt

# I Einleitung

Angesichts der angebotenen Waren- und Dienstleistungsvielfalt neigt jeder Verbraucher naturgemäß dazu, Informationen über die Qualität eines Produktes einzuholen, bevor er seine Auswahl- und Kaufentscheidung trifft. Niemand möchte „Versuchskaninchen" sein, sondern sein Geld für ein Produkt ausgeben, das seinen Gütevorstellungen und Erwartungen entspricht. Im analogen Zeitalter dienten dem Verbraucher als Informationsquelle vor allem die Veröffentlichungen von Waren- und Dienstleistungstests anerkannter Testveranstalter, wie z. B. die Zeitschriften „test" und „Finanztest" der Stiftung Warentest, die Zeitschrift „ÖKO-TEST" des gleichnamigen Verlags oder die vom ADAC herausgegebene Zeitschrift „motorwelt". Warentests haben indes zwangsläufig den Nachteil, dass nur ein kleiner Ausschnitt des aktuell vorhandenen Produktsortiments geprüft und bewertet wird. Die Stiftung Warentest führt vergleichende Untersuchungen von meist zehn bis zwanzig Produkten durch, wobei der Marktbedeutung ein erhebliches Gewicht bei der Produktauswahl zukommt.[1] Ein weiteres Problem ist angesichts permanenter Produktveränderungen und immer kürzerer Produktzyklen die Aktualität, wird für die Durchführung eines vergleichenden Produkttests von der ersten Planung bis zur Veröffentlichung ein Zeitrahmen von sechs bis neun, in Einzelfällen bis zu zwölf Monaten benötigt.[2] Vor allem aber werden viele für den Verbraucher wichtige Produktbereiche bzw. ganze Branchen von Testveranstaltern nicht geprüft, wie Ärzte und Kliniken, Anwälte und sonstige Freiberufler, das Handwerk sowie Hotels und Restaurants. In diesen Fällen blieben dem Verbraucher als Informations- und Referenzquelle nur Umfragen im eigenen Freundes- oder Bekanntenkreis (*„kennst Du einen guten Arzt, Maler oder Rechtsanwalt?"*). Von dieser Form von Mund-zu-Mund-Propaganda lebten bislang ganze Branchen; auf die von einem Freund oder Bekannten ausgesprochene Empfehlung verlässt sich der Verbraucher nahezu blind.

Das digitale Zeitalter hat für den Verbraucher ungeahnte Möglichkeiten eröffnet, selbst positive oder negative Kritik an Waren oder Dienstleistungen einer grundsätzlich unbeschränkten Öffentlichkeit mitzuteilen oder Kritik anderer Verbraucher als Rezipient in Erfahrung zu bringen: als Intermediäre dieses Kommunikationsprozesses treten immer mehr Betreiber von Bewertungsportalen in Erscheinung, die ihre Plattformen den Verbrauchern zum Veröffentlichen und

---

1 Zur Planung, Marktanalyse und Produktauswahl eines vergleichenden Produkttests ausführlich *Franz* in: Fezer/Büscher/Obergfell (Hrsg.) UWG, 3. Aufl. 2016, S 8, Rn. 49 ff.
2 Zur Dauer vergleichender Produkttests und zu sog. Schnelltests *Franz* in: Fezer/Büscher/Obergfell (Hrsg.) UWG, 3. Aufl. 2016, S 8, Rn. 74 f.

https://doi.org/10.1515/9783110598155-001

zum Lesen von Produktkritik für alle oder spezialisierte Produkte bzw. Branchen im Internet anbieten.[3] Die unmittelbaren Vorteile dieser Informationsquelle liegen zunächst in ihrer jederzeitigen und weltweiten Abrufbarkeit, ihrer Aktualität und ihrer Kostenlosigkeit. Noch auf dem Weg vom Flughafen in die Innenstadt kann der Nutzer mit seinem Smartphone über www.holidaycheck.de oder www.trip advisor.de die Bewertungen der ihm unbekannten Hotels lesen und das für ihn am besten geeignete Hotel auswählen. Der besondere Wert eines Portals liegt aus Sicht der Nutzer darin, dass sie positive oder negative Bewertungen von anderen Verbrauchern erhalten, die mit dem betreffenden Produkt bereits konfrontiert waren.[4] Diesen wird ein höheres Maß an Glaubwürdigkeit beigemessen als Eigenwerbung der Anbieter; der Nutzer wähnt sich mit dem Kritiker „in einem Boot" und unterstellt keine finanziellen Eigeninteressen.[5] Zudem wird jeder Nutzer instinktiv zu der Annahme neigen, dass jedenfalls eine Vielzahl subjektiver Einzelbewertungen am Ende ein objektives Gesamtbild abgibt (*„Viele Verbraucher können nicht irren."*). Auch lässt sich massenpsychologisch ein gewisser Herdentrieb nachweisen:[6] Menschen neigen dazu, Anführern und Meinungsmachern hinterherzulaufen, so dass sie sich häufig an bereits vorhandenen Bewertungen orientieren. Werden diese Bewertungen statistisch aufbereitet und aus ihnen eine abschließende Durchschnittsnote gebildet, kommt eine unterschwellig vorhandene Zahlengläubigkeit („trust in numbers") hinzu: im Gegensatz zu einer subjektiven Meinung (*„die Bedienung im Restaurant war unfreundlich"*) erscheint dem Nutzer eine Zahl oder Gesamtnote (*„1,3"*) immer objektiv.[7]

Dabei ist dem Verbraucher zugute zu halten, dass seine Grundannahme, eine Vielzahl subjektiver Einzelbewertungen könne ein objektives Gesamtbild abgeben, jedenfalls dann richtig ist, wenn der Portalbetreiber diese Vielzahl subjektiver Einzelbewertungen unter Beachtung statistischer Regeln auswertet, gewichtet, aktualisiert und erst nach dieser Aufbereitung veröffentlicht. Testveranstalter nutzen diese Erkenntnis bereits seit Jahrzehnten im Bereich von Anwendungs-, Handhabungs- und Gebrauchstests. So kann z.B. die Rasierqualität eines Nassrasierers und seine Handhabungseigenschaften oder die Klangqualität von Lautsprecherboxen nur über einen Test mit bzw. an Menschen festgestellt werden. Die Verträglichkeit einer Hautcreme kann nur über einen Anwendungstest an hautgesunden Probanden und der Geschmack eines Le-

---

3 Einen guten Überblick über Bewertungsportale findet man unter www.emarcon.de/die-wichtigsten-bewertungsportale/.
4 *Leistner* in: Festschrift Köhler 2014, S. 415, 426.
5 *Jahn/Palzer* K&R 2015, 767, 769.
6 *Boehme-Neßler* K&R 2016, 637, 642.
7 *Kaiser* NVwZ 2009, 1474, 1476 und *Boehme-Neßler* K&R 2016, 637, 642.

bensmittels kann nur im Rahmen eines hedonischen Konsumententests durch Verkostung an Probanden festgestellt werden. In all' diesen Fällen ist der Mensch das „Messinstrument" und gibt – in der Regel von geschulten und fachkundigen Experten begleitet – zunächst nur eine individuell-intuitive und damit eine subjektive Bewertung ab. Dieses subjektive Urteil eines einzelnen Verbrauchers wird jedoch gleichsam verobjektiviert, wenn ein mit strenger Methodik geplanter, mit einer statistisch relevanten Anzahl von Verbrauchern durchgeführter und nach strengen statistischen Grundsätzen ausgewerteter Anwendungstest vorgenommen wird. Hierdurch erhält der Testveranstalter objektiv reproduzierbare Aussagen über das getestete Produkt.[8]

Die Vergleichbarkeit zu einer Vielzahl von statistisch ausgewerteten, gewichteten und stets aktualisierten Bewertungen von Verbrauchern in Bewertungsportalen liegt nahe: wenn über einen repräsentativen Zeitraum eine statistisch relevante Zahl von Verbrauchern die Sauberkeit eines Hotels als schlecht einstufen, erhält das bewertete Hotel in dieser Bewertungskategorie mit Recht eine entsprechend schlechte Bewertung. Künftige Hotelgäste können sich an dieser Bewertung orientieren – oder auch nicht, wenn ihnen die Sauberkeit eines Hotels im Vergleich zu Preis oder Lage nicht so wichtig ist. Insoweit leisten Bewertungsportale einen Beitrag für den Verbraucherschutz durch Information, fördern rationale Kaufentscheidungen und erhöhen die Markttransparenz.

---

8 Zum Thema „Messinstrument Mensch" im Rahmen vergleichender Produkttests mit Beispielen aus der Rechtsprechung ausführlich *Franz* in: Fezer/Büscher/Obergfell (Hrsg.) UWG, 3. Aufl. 2016, S 8, Rn. 237 ff.

# II Grundsätzliche Zulässigkeit von Bewertungsportalen

## 1 Die Grundsatzentscheidung des Bundesgerichtshofs vom 23. Juni 2009

Die grundsätzliche Zulässigkeit von Bewertungsportalen steht daher außer Frage. Das hat der Bundesgerichtshof in der ersten Entscheidung zu Bewertungsportalen mit Urteil vom 23. Juni 2009 ausdrücklich klargestellt.[1] In dieser Entscheidung ging es um das Lehrerbewertungsportal www.spickmich.de.[2] Zugang zu dem Portal hatten nur registrierte Nutzer. Die Registrierung erfolgte nach Eingabe des orthografisch richtigen Namens der Schule, des Schulortes, eines Benutzernamens und einer E-Mail-Adresse, an die ein Passwort versandt wurde, das den Zugang zum Portal eröffnete. In dem Portal konnten die Nutzer Informationen zur Verfügung stellen, Nachrichten an andere Nutzer senden oder eigene soziale Kontaktnetze aufbauen. Daneben konnten sie die Schule unter Aspekten wie Ausstattung und Schulgebäude, aber auch unter *„Partyfaktor"* und *„Flirtfaktor"* mit Noten bewerten. Unter dem Menüpunkt *„Lehrerzimmer"* konnten die Schüler ihre Lehrer mit Namen eintragen und dort mit Noten von 1–6 bewerten. Kriterien waren *„guter Unterricht"*, *„faire Noten"*, *„cool und witzig"*, *„beliebt"*, *„motiviert"* und *„menschlich"*.[3] Ferner konnten die Nutzer unter der Rubrik *„Zitate: Alles was ... schon so vom Stapel gelassen hat (Lustiges, Fieses ...)"* angebliche Zitate der Lehrer wiedergeben. Unter der Schaltfläche *„Hier stimmt was nicht"* konnten die Nutzer den Portalbetreiber auf Unstimmigkeiten aufmerksam machen. Bei früher mindestens vier, im Zeitpunkt der Revisionsentscheidung mindestens zehn abgegebenen Einzelbewertungen wurde aus dem Durchschnitt eine Gesamtnote gebildet; Benotungen mit ausschließlich der Note 1 oder 6 wurden ausgesondert und flossen nicht in die Gesamtbenotung ein. Erfolgte innerhalb von 12 Monaten keine Neubewertung für einen Lehrer, wurden die früher abgegebenen Bewertungen und die eingegebenen Zitate gelöscht. Das Bewertungsergebnis wurde in Form eines Zeugnisses angezeigt und konnte ausgedruckt werden. Die Bewertung

---

1 *BGH*, Urt. v. 23.6.2009 – VI ZR 196/08, BGHZ 181, 328 – www.spickmich.de.

2 Das Portal ist seit August 2014 offline, ebenso www.schulradar.de.

3 Problematische Bewertungskriterien wie *„sexy"*, *„gelassen"* und *„leichte Prüfungen"* hatte der Portalbetreiber bereits im September 2007 freiwillig herausgenommen und durch *„fachlich kompetent"*, *„gut vorbereitet"*, *„faire Prüfungen"* und *„vorbildliches Auftreten"* ersetzt, s. *OLG Köln*, Urt. v. 3.7.2008 – 15 U 43/08, juris, Rn. 3.

https://doi.org/10.1515/9783110598155-002

eines Lehrers war über die bloße Namenseingabe in dem Portal oder in einer Suchmaschine nicht abrufbar.

Die Klägerin war in diesem Portal mit einem Zeugnis unter Angabe ihres Namens, ihres Unterrichtsfachs Deutsch und ihrer Schule mit der (schlechten) Durchschnittsnote von 4,3 auf der Grundlage von vier Schülerbewertungen bewertet worden. Nachdem ein einstweiliges Verfügungsverfahren für sie erfolglos verlief, klagte sie in der Hauptsache auf Löschung und Unterlassung der Veröffentlichung ihres Namens, der Schule und der unterrichteten Fächer im Zusammenhang mit ihrer Gesamt- und Einzelbewertung.

Die Klage war in allen Instanzen erfolglos. Die Klägerin habe, so der BGH, keinen auf § 35 Abs. 2 S. 2 Nr. 1 Bundesdatenschutzgesetz (BDSG) gestützten Löschungsanspruch, weil eine unzulässige Speicherung personenbezogener Daten nicht vorliege.[4] Auch ein auf §§ 823 Abs. 2, 1004 BGB analog iVm § 4 Abs. 1 BDSG gestützter Unterlassungsanspruch scheide aus.[5] Nach Ansicht des BGH seien die Beklagten nach den Regelungen in § 29 Abs. 1 S. 1 Nr. 1 und 2 BDSG zur Datennutzung berechtigt; schutzwürdige Interessen der Klägerin seien nicht beeinträchtigt. Die Erhebung und Speicherung von Daten bei einem Bewertungsportal erfolge im Informationsinteresse der Nutzer (Schüler, Eltern, Lehrer) und fördere zwischen diesen den Meinungsaustausch. Gegen das aus Art. 5 Abs. 1 S. 1 GG folgende Recht auf Meinungs-, Kommunikations- und Informationsfreiheit müsse das aus Art. 2 Abs. 1 GG iVm Art. 1 Abs. 1 GG folgende Recht der klagenden Lehrerin auf informationelle Selbstbestimmung im konkreten Fall zurücktreten, weil die Bewertungen der Lehrerin unter Angabe ihres Klarnamens nur deren berufliche Tätigkeit und damit ihre am wenigsten geschützte Sozialsphäre berührten. Äußerungen im Rahmen der Sozialsphäre dürften nur im Falle schwerwiegender Auswirkungen auf das Persönlichkeitsrecht mit negativen Sanktionen verknüpft werden, z.B. bei Stigmatisierung, sozialer Ausgrenzung oder Prangerwirkung.[6] Die Bewertungen *„fachlich kompetent"* und *„gut vorbereitet"* seien, auch wenn sie einen Tatsachengehalt aufwiesen, Meinungsäußerungen, die dem Schutz des Art. 5 Abs. 1 S. 1 GG unterlägen. Die Einschätzungen der Klägerin als mehr oder weniger *„cool und witzig"*, *„menschlich"*, *„beliebt"* und mit *„vorbildlichem Auftreten"* beträfen zwar persönliche Eigenschaften der Klägerin, die sie aber aufgrund ihres Auftretens innerhalb des schulischen Wirkungskreises von den Schülern erhielte. Daher stellten sie keinen über die Sozialsphäre hinausgehen-

---

4 *BGH*, Urt. v. 23.6.2009 – VI ZR 196/08, BGHZ 181, 328, Rn. 16 – www.spickmich.de.
5 *BGH*, Urt. v. 23.6.2009 – VI ZR 196/08, BGHZ 181, 328, Rn. 41 – www.spickmich.de.
6 *BGH*, Urt. v. 23.6.2009 – VI ZR 196/08, BGHZ 181, 328, Rn. 31 – www.spickmich.de.

den Eingriff in die Privatsphäre der Klägerin dar.[7] Die Bewertungen seien weder eine unsachliche Schmähkritik noch eine Formalbeleidigung oder ein Angriff auf die Menschenwürde der Klägerin, die eine Abwägung der Rechte der Beteiligten entbehrlich machen würden.[8] Die Beklagten befriedigten mit dem Portalbetrieb das Informationsinteresse von Schülern, Eltern und Lehrer der Schule, indem sie den Meinungsaustausch unter den Schülern über ihre Erfahrungen mit der Klägerin vereinfachten und anregten.[9] Im Internet sei ein umfassenderer Meinungsaustausch möglich als dieser an Elternsprechtagen oder in Pausenhof- oder Schulweggesprächen erfolgen könne.[10] Durch die Registrierung der Nutzer beschränkten die Beklagten den Zugriff auf Informationen über eine Lehrkraft einer bestimmten Schule. Die Daten könnten weder über eine Suchmaschine noch über das Portal nur mit der Eingabe eines Namens abgerufen werden. Auch wenn die Erhebung der Daten nach Vielfalt und Qualität nicht den Anforderungen an eine aussagekräftige Lehrerevaluation entspräche, begründe dies noch kein schutzwürdiges Interesse der Klägerin an der Unterlassung der Datenerhebung und -speicherung. Das Recht auf Meinungsfreiheit sei nicht beschränkt auf objektivierbare, allgemein gültige Werturteile. Ohnehin werde den Nutzern eines Schülerforums nach ihrem Erwartungshorizont auch bewusst sein, dass die Bewertungen nicht die gleiche Bedeutung haben könnten wie beispielsweise ein Warentest für ein bestimmtes Produkt, der von neutralen, objektiven und sachkundigen Testern durchgeführt werde.[11]

Schulische Aspekte, wie die Sicherstellung des Schulbetriebs, die Wahrung des Schulfriedens und der Autorität des Lehrers oder das Verhältnis zwischen Lehrern und Eltern, wurden in dieser Grundsatzentscheidung nur kursorisch gestreift. Der BGH verwies darauf, dass etwaige negative Auswirkungen auf die Leistungsfähigkeit des Schulwesens eine schützenswerte subjektive Rechtsposition der Klägerin nicht begründen könnten.[12] Art. 7 Abs. 1 GG, wonach das gesamte Schulwesen unter der Aufsicht des Staates steht und einen Verfassungsauftrag zu einem leistungsfähigen und ungestörten Schul- und Bildungswesen normiert,

---

7 *BGH*, Urt. v. 23.6.2009 – VI ZR 196/08, BGHZ 181, 328, Rn. 33 – www.spickmich.de.
8 *BGH*, Urt. v. 23.6.2009 – VI ZR 196/08, BGHZ 181, 328, Rn. 34 – www.spickmich.de.
9 *BGH*, Urt. v. 23.6.2009 – VI ZR 196/08, BGHZ 181, 328, Rn. 40 – www.spickmich.de.
10 *BGH*, Urt. v. 23.6.2009 – VI ZR 196/08, BGHZ 181, 328, Rn. 37 – www.spickmich.de.
11 *BGH*, Urt. v. 23.6.2009 – VI ZR 196/08, BGHZ 181, 328, Rn. 39 – www.spickmich.de.
12 *BGH*, Urt. v. 23.6.2009 – VI ZR 196/08, BGHZ 181, 328, Rn. 44 – www.spickmich.de. A.A. die Entscheidungen des Tribunal de Grande Instance vom 3.3.2008 und der Cour d'Appel de Paris vom 25.6.2008, dargestellt von *Greve/Schärdel* MMR 2008, 644, 645 f. und *Gounalakis/Klein* NJW 2010, 566, 570, wonach durch das Lehrerbewertungsportal www.note2be.com der Bildungsbetrieb gestört und die Lehrtätigkeit erschwert werde.

wurde in dieser vornehmlich auf das Datenschutzrecht ausgerichteten Entscheidung noch nicht einmal erwähnt, was eine teilweise sehr heftige Urteilskritik auslöste.[13] Dessen ungeachtet hat der BGH mit dieser ersten Entscheidung zu Bewertungsportalen zweifelsohne eine Wegmarke gesetzt: der Betrieb von Bewertungsportalen ist grundsätzlich zulässig und kann über das Datenschutzrecht und die dort vorzunehmende Abwägung zwischen den widerstreitenden Grundrechten nicht beanstandet werden.[14]

## 2 Denunziantenportale

Anders ist die Rechtlage bei Denunziantenportalen. Diese dienen letztlich dazu, im Schutze der Anonymität ungehindert über seinen Nachbarn, seinen ehemaligen Freund oder sonstige unliebsam gewordene Personen herziehen zu können. Derartige Portale wie www.rottenneighbor.com oder www.dontdatehimgirl.com dürften in Deutschland unzulässig sein.[15]

In einem aktuellen Fall ging es um das zweifelhafte Portal www.fahrerbewer tung.de, mit dem das Fahrverhalten von Verkehrsteilnehmern unter Angabe des Kfz-Kennzeichens anhand eines Ampelschemas (grün = positiv, gelb = neutral, rot = negativ) bewertet werden kann. Die abgegebenen Bewertungen können von jedermann ohne Registrierung eingesehen werden. Die Zuordnung zu einem konkreten Fahrzeughalter kann über eine einfache Registerauskunft gemäß § 39 Abs. 1 StVG erfolgen. Der Landesbeauftragte für Datenschutz des Landes Nordrhein-Westfalen sah in dem Betrieb dieses Fahrerbewertungsportals durch Erhebung, Verarbeitung und Nutzung personenbezogener Daten einen Verstoß gegen das BDSG und forderte den Betreiber auf, die Plattform so umzugestalten, dass nur noch der jeweilige Halter eines Fahrzeugs die dafür abgegebenen Bewertungen einsehen kann und sich zu diesem Zweck zuvor registrieren muss. Die gegen diese Anordnungen vom Portalbetreiber gerichtete Klage blieb vor dem VG

---

13 *Graef* ZUM 2009, 759, *Ladeur* JZ 2009, 966 und vor allem *Kulow* K&R 2009, 678. *Kaiser* NVwZ 2009, 1474, 1477 und *Paal* RdJB 2010, 459, 470 halten das Urteil wegen der fehlenden Auffindbarkeit der Bewertungen in Suchmaschinen für gerade noch tragfähig. *Wiese* JZ 2011, 608, 615 hält das Portal wegen der geringen Validität der Meinungen, des Ausschlusses einer Kommunikation mit dem Betroffenen, dessen einseitiger Bloßstellung und des gering zu veranschlagenden Interesses der Schüler an dieser Form der Kritik in der Gesamtabwägung für rechtswidrig.
14 Die gegen die Revisionsentscheidung eingelegte Verfassungsbeschwerde wurde vom Bundesverfassungsgericht erstaunlicherweise nicht angenommen, *BVerfG*, Beschl. v. 16.8.2010 – 1 BvR 1750/09, juris.
15 *Gomille* ZUM 2009, 815, 820 und *Graef* ZUM 2009, 759 f. www.rottenneighbor.com ist von deutschen Providern aus nicht aufrufbar.

Köln[16] und dem OVG Münster[17] erfolglos. Nach Ansicht der Verwaltungsgerichte seien die Voraussetzungen der Erlaubnisnormen für die Erhebung, Speicherung, Veränderung und Nutzung (§ 29 Abs. 1 S. 1 BDSG) sowie für die Übermittlung (§ 29 Abs. 2 BDSG) der personenbezogenen Daten nicht erfüllt. Im Rahmen der Abwägung, so das OVG Münster, überwiege wegen der hohen Gefahr einer Prangerwirkung das Recht der betroffenen Kraftfahrzeughalter auf informationelle Selbstbestimmung gegenüber den Interessen des Portalbetreibers sowie der Portalnutzer. Denn die Teilnahme am Straßenverkehr erfolge nicht zu dem Zweck, mit seinem Umfeld in Beziehung zu treten, indem eine Leistung für andere erbracht werde und man sich bewusst einer Bewertung durch andere aussetze, sondern schlicht um einen bestimmten Ort zu erreichen.[18] Dieser tatsächliche Unterschied führe zu einer gesteigerten Schutzbedürftigkeit der Betroffenen im Vergleich zu den durch gewöhnliche Bewertungsportale Betroffenen. Bei den streitgegenständlichen Bewertungen des Fahrverhaltens handele es sich auch nicht um einen Beitrag zu einem Thema von allgemeiner öffentlicher Bedeutung; vielmehr diene die Ausübung der Meinungsfreiheit der einseitig öffentlich ausgetragenen privaten Auseinandersetzung.[19] Ein überwiegendes Interesse der Öffentlichkeit an Informationen über das Fahrverhalten lasse sich auch nicht aus der Nutzung von Mitfahrgelegenheiten oder Carsharing-Angeboten herleiten, weil das Portal der Klägerin in seiner aktuellen Ausgestaltung nicht geeignet sei, dieses Interesse zu befriedigen.[20] Neben der fehlenden Richtigkeitsgewähr biete die Plattform keine Bewertungen zum Fahrverhalten eines bestimmten Fahrers, sondern nur eines bestimmten Kennzeichens, dessen Halter leicht ermittelt werden könne. Das Ziel, die Fahrer zur Selbstreflexion oder gar Besserung ihres Fahrstils anzuhalten, sei auch unter Geltung der Anordnungen des Datenschutzbeauftragten erreichbar, wenn diese bei (schlechten) Fahrern überhaupt erreicht werden könne.[21]

Das OVG Münster hat die Revision nicht zugelassen. Die Entscheidung ist uneingeschränkt zu begrüßen.

---

16 *VG Köln*, Urt. v. 16.2.2017 – 13 K 6093/15, juris.
17 *OVG Münster*, Urt. v. 19.10.2017 – 16 A 770/17, juris.
18 *OVG Münster*, Urt. v. 19.10.2017 – 16 A 770/17, juris, Rn. 94.
19 *OVG Münster*, Urt. v. 19.10.2017 – 16 A 770/17, juris, Rn. 116.
20 *OVG Münster*, Urt. v. 19.10.2017 – 16 A 770/17, juris, Rn. 120.
21 *OVG Münster*, Urt. v. 19.10.2017 – 16 A 770/17, juris, Rn. 121 ff.

# III Gefahren für den Betroffenen

Sind Bewertungsportale – abgesehen von Denunziantenportalen – grundsätzlich zulässig und aus Verbrauchersicht eine gewinnbringende Informationsquelle, stellt sich die Lage für den Betroffenen naturgemäß anders dar, wenn er selbst oder seine Produkte negativ bewertet werden. Natürlich wird negative Kritik über Lehrer oder Professoren regelmäßig keine unmittelbaren Auswirkungen auf deren Anstellungs- oder Beamtenstatus' und damit deren Verdienst und berufliches Fortkommen haben. Gleichwohl kann diese Kritik tiefgreifende psychische Folgen (Stichwort: Cyber-Mobbing) und Auswirkungen auf die Reputation im Kollegium haben, wenn es über einen Hochschulprofessor heißt: *„Psychopath"* und *„echt das Letzte"*[1] oder *„Er und ein PC, das (sic!) passt leider nicht"*, *„Eigentlich kann man den Prof. gar nicht bewerten ..."*, *„Was soll man da noch sagen. Man muss ihn erlebt haben."*[2] Auch darf nicht vernachlässigt werden, dass Informationen über Suchmaschinen von Personen ermittelt werden können, die kein unmittelbares Sachinteresse an der Bewertung haben, sondern sich aus reiner Neugier darüber informieren, wie ihr Bekannter, Arbeitskollege, Nachbar oder gar Feind in seinem beruflichen Wirkungskreis bewertet wird. Es kann ja hilfreich sein, wenn man mit vernichtender Kritik von dritter Seite für die nächste „Schlacht am Gartenzaun aufmunitioniert" ist.

Wirtschaftliche Folgen hat negative Produkt- oder Unternehmenskritik dagegen regelmäßig in der freien Wirtschaft, im Handwerk und bei den Freiberuflern:[3] es ist unmittelbar einleuchtend, dass eine Arztpraxis weniger frequentiert wird und daraus folgend Umsatzeinbußen eintreten können, wenn über den Arzt in einem allgemein zugänglichen Ärztebewertungsportal dauerhaft behauptet wird, in seiner Praxis würden *„Patientenakten in den Behandlungsräumen in Wäschekörben gelagert, es gebe unverhältnismäßig lange Wartezeiten, Folgetermine seien nicht zeitnah möglich, eine Schilddrüsenüberfunktion sei von ihm nicht erkannt und kontraindiziert behandelt worden"*.[4] Das gilt ebenso für Anwaltskanzleien, wenn ein Mandant behauptet, die Kanzlei sei *„inkompetent"*, *„unseriös"* und *„scheinbar nur auf Profit aus"*[5] oder *„Vor Beauftragung dieses Anwalts wird gewarnt. Er hat von seinem Job überhaupt keine Ahnung. Er ist desorganisiert und*

---

1 *LG Berlin*, Urt. v. 31.5.2007 – 27 S 2/07, juris.
2 *LG Regensburg*, Urt. v. 21.1.2009 – 1 O 1642/08(2), AfP 2009, 175, 177.
3 Immerhin erkannt von *BGH*, Urt. v. 23.9.2014 – VI ZR 358/13, GRUR 2014, 1228, Rn. 32 – Ärztebewertung II.
4 *BGH*, Urt. v. 1.7.2014 – VI ZR 345/13, GRUR 2014, 902, Rn. 2 – Ärztebewertung.
5 *LG Hamburg*, Urt. v. 24.3.2017 – 324 O 148/16, juris, Rn. 21.

https://doi.org/10.1515/9783110598155-003

*inkompetent.*[6] Der Verbraucher trifft seine Auswahlentscheidung nach der einfachen Regel: Wenn es diverse Ärzte, Anwälte oder Handwerker in seiner Stadt mit ausschließlich positiven Bewertungen gibt, wird er einen Arzt, Anwalt oder Handwerker, der eine oder gar mehrere schlechte Bewertungen mit teilweise vernichtender Kritik erhalten hat, gar nicht erst in Betracht ziehen. Der Nutzer scrollt in der Bewertungsliste nicht weiter nach unten, sondern bleibt regelmäßig bei den besten Bewertungen hängen.

Das gilt noch mehr für Reiseveranstalter und Betreiber von Hotels und Restaurants: Der Hotelbetrieb wird in seiner Existenz gefährdet und der Gang zum Insolvenzgericht vorprogrammiert sein, wenn über das Hotel behauptet wird: *„die Zimmer beziehungsweise Betten waren mit Bettwanzen befallen",*[7] *„auf dem Nachttisch klebten Kaugummis von früheren Gästen", „über dem Bett war ein Handabdruck aus irgendeiner ekligen Flüssigkeit", „an der Badezimmertür befanden sich von innen Spritzer von Erbrochenem", „an den Handtüchern war überall Stuhlgang", „alte Tampons, Dreckflusen wurden von den Reinigungskräften nicht weggemacht", „das Zimmer war eine Katastrophe, Dreck ohne Ende".*[8]

Wie die Bewertungen konkret zustande gekommen sind und ob sie auch inhaltlich richtig sind und auf wahren Tatsachen beruhen, kann und wird der Nutzer nicht hinterfragen. Besonders perfide wird es, wenn die Bewertungen bei positiver Kritik vom Bewerteten selbst oder in seinem Auftrag durch Dritte oder bei negativer Kritik von Seiten des unmittelbaren Konkurrenten frei erfunden worden sind.[9] Bei Hotelbewertungsportalen geht man davon aus, dass etwa ein Viertel aller eingestellten Bewertungen fingiert sind.[10] Auch eine verschmähte Liebhaberin, ein genervter Nachbar oder ein eifersüchtiger Arbeitskollege kann über eine selbst generierte Alias-E-Mail-Identität unterhalb der Schwelle eindeutig rechtsverletzender Kritik dauerhaft „sticheln" und einem betroffenen Freiberufler das Leben schwer machen.[11]

Der Bundesgerichtshof betont in seinen Entscheidungen immer wieder, dass die in Portalen veröffentlichten Bewertungen „nur" die berufliche Tätigkeit des betroffenen Unternehmers und damit die am wenigsten geschützte Sozialsphäre

---

6 *EGMR*, Urt. v. 24.11.2015 – 72966/13 – Kucharzyk/Polen, AnwBl 2016, 261.
7 *BGH*, Urt. v. 19.3.2015 – I ZR 94/13, GRUR 2015, 1129, Rn. 5 – Hotelbewertungsportal.
8 *LG Hamburg*, Urt. v. 1.9.2011 – 327 O 607/10, juris.
9 Zum UWG-Schutz gegen fingierte Bewertungen (sog. „Astroturfing") *Krieg/Roggenkamp* K&R 2010, 689, *Ahrens/Richter* WRP 2011, 814 und *Heermann* WRP 2014, 509.
10 *Ahrens/Richter* WRP 2011, 814, 815. Das von Bewertungsportalen ausgehende Missbrauchspotential hat der *BGH* mittlerweile erkannt, s. Urt. v. 23.9.2014 – VI ZR 358/13, GRUR 2014, 1228, Rn. 34 – Ärztebewertung II.
11 *Kühling* NJW 2015, 447, 449.

berührten.[12] Im Bereich der Sozialsphäre müsse sich der Einzelne wegen der Wirkungen, die seine Tätigkeit hier für andere hat, von vornherein auf die Beobachtung seines Verhaltens durch eine breitere Öffentlichkeit und auf Kritik an seinen Leistungen einstellen. Das gelte, so der BGH, insbesondere auch bei freiberuflich tätigen Ärzten, die ihre Leistungen in Konkurrenz zu anderen Ärzten anbieten.[13] Daher dürften Äußerungen im Rahmen der Sozialsphäre nur im Falle schwerwiegender Auswirkungen auf das Persönlichkeitsrecht untersagt werden, so etwa dann, wenn eine Stigmatisierung, soziale Ausgrenzung oder Prangerwirkung zu besorgen sei. All' diese Aussagen nützen einem von einer ungerechtfertigten Kritik betroffenen Freiberufler wenig, wenn er seine berufliche Existenz verliert oder über den Zeitraum der gerichtlichen Durchsetzung seiner zivilrechtlichen Ansprüche über Instanzen hinweg verloren hat. Abwertende Kritik über Kleinunternehmen oder Freiberufler kann gravierende Konsequenzen haben, die die Folgen einer Verletzung der Privatsphäre weit in den Schatten stellen können.[14] Die jahrzehntelang bewährte Einteilung bestimmter Äußerungen in Eingriffe in die Intim-, Geheim-, Privat- oder Sozialsphäre erscheint im digitalen Zeitalter der sozialen Netzwerke und der nutzergenerierten Inhalte zunehmend fragwürdig.[15] Der Bundesgerichtshof hatte diese Einteilung im analogen Zeitalter entwickelt für die Kommunikation „mit offenem Visier" und mit der „Gnade des Vergessens".[16] Zu bedenken ist auch, dass in Zeiten der demographisch bedingten wachsenden Personalknappheit rufschädigende Äußerungen ehemaliger Mitarbeiter in Arbeitgeberbewertungsportalen (www.kununu.com oder www.meinchef.de) zunehmend problematisch werden können. Hier besteht ein erhebliches Risiko, dass das alleinige Motiv für eine rufschädigende Kritik Rache am Arbeitgeber wegen einer als ungerechtfertigt empfundenen Kündigung oder eines nicht akzeptierten schlechten Zeugnisses darstellt. Subjektiven Bewertungen ist immanent, dass allein der Kritiker seine Sicht der Dinge äußert und der Leser nie die „ganze Geschichte" erfährt. Daher ist auch das Argument des BGH, Bewertungsportale ermöglichten und vereinfachten den Meinungsaus-

12 *BGH*, Urt. v. 23.9.2014 – VI ZR 358/13, GRUR 2014, 1228, Rn. 35 – Ärztebewertung II.
13 *BGH*, Urt. v. 23.9.2014 – VI ZR 358/13, GRUR 2014, 1228, Rn. 35 – Ärztebewertung II.
14 Zutreffend erkannt von *Ladeur* JZ 2009, 966, 967, der die Konsequenzen negativer Kritik in einem Bewertungsportal für Freiberufler und Kleinunternehmer mit dem keine wirtschaftlichen Auswirkungen implizierenden Bericht über das Hochzeitsmenü eines Prominenten vergleicht, der vom *LG Berlin*, Urt. v. 6.7.2006 – 27 O 574/06, AfP 2006, 394 als rechtswidrige Verletzung der Privatsphäre eingeordnet wurde.
15 *Kühling* NJW 2015, 447, 449.
16 *Kühling* NJW 2015, 447, 449.

tausch (unter den Schülern),[17] nicht stichhaltig. Bewertungsportale eröffnen keinen „Markt der Meinungen", sondern nur ein Forum für einseitige Produktkritik, mit dem allerdings – nur insoweit ist dem BGH zuzustimmen – das Informationsinteresse der Nutzer befriedigt wird.

Auch war die im analogen Zeitalter gepflegte Mund-zu-Mund-Propaganda durch ihre Flüchtigkeit und ihren äußerst eingeschränkten Wirkungskreis geprägt. Dagegen werden Bewertungen in Portalen grundsätzlich einem unbegrenzten Nutzerkreis dauerhaft zugänglich gemacht.[18] Das Internet vergisst nichts, und das vom Europäischen Gerichtshof geschaffene Recht auf Vergessen[19] ist nur dann ein wirkungsvolles Korrektiv, wenn dessen enge Voraussetzungen tatbestandlich vorliegen und ein Anspruch gegen den Suchmaschinenbetreiber auf Löschung bestimmter Einträge erfolgreich durchgesetzt wird. Da Bewertungen jederzeit abgegeben und veröffentlicht werden, ist der Betroffene prinzipiell zu einer permanenten Kontrolle seiner digitalen Repräsentation gezwungen.[20]

Am Ende steht die durch das Internet geschaffene Asymmetrie der Kommunikationssituation: während der Kritiker im Schutze der Anonymität zunächst jede noch so unsinnige, unfaire und unsubstantiierte Äußerung tätigen darf, steht der Betroffene mit vollem Namen im grellen Licht der Öffentlichkeit und kann sich gegen diese Äußerungen erst einmal nicht wehren.[21] *Graef* hat dieses Grundproblem in seinen Anmerkungen zum Urteil des BGH www.spickmich.de anschaulich wie folgt beschrieben: *„Statt eines freien und gleichsam geregelten Diskurses ist es quasi so, als würde der Lehrer in regelmäßigen Abständen im Käfig über den Marktplatz gezogen, um von vermummten Gestalten öffentlich beschimpft und mit Eiern beworfen zu werden."*[22]

Das ist der digitale Pranger.[23]

---

17 BGH, Urt. v. 23.6.2009 – VI ZR 196/08, BGHZ 181, 328, Rn. 40 – www.spickmich.de.
18 BGH, Urt. v. 23.9.2014 – VI ZR 358/13, GRUR 2014, 1228, Rn. 33– Ärztebewertung II.
19 EuGH, Urt. v. 13.5.2014 – C-131/12, GRUR 2014, 895 – Google Spain/AEPD.
20 *Kühling* NJW 2015, 447, 449.
21 *Kühling* NJW 2015, 447, 448.
22 *Graef* ZUM 2009, 759, 761.
23 Ausführlich zur Prangerwirkung und Manipulationsgefahr bei Bewertungsportalen im Internet *Gomille* ZUM 2009, 815.

# IV Rechtsschutzmöglichkeiten für den Betroffenen

## 1 Rechtliche Ausgangslage[1]

Für den Betroffenen stellt sich in dieser konkreten Situation die Frage, auf welchem Weg er die negative Kritik beseitigen kann. Die (grund-) rechtliche Ausgangslage der widerstreitenden Interessen ist typisch für das gesamte Medienrecht:[2] Der Portalbetreiber kann sich zunächst auf seine Berufs- und Eigentumsfreiheit berufen. Die Berufsfreiheit in Art. 12 Abs. 1 GG schützt auch die Tätigkeit als Unternehmer, die nicht nur natürlichen Personen, sondern über Art. 19 Abs. 3 GG auch juristischen Personen des Inlands zugutekommt.[3] Daneben kommt das über Art. 14 Abs. 1 GG gewährleistete Grundrecht auf Eigentum mit dem Recht am eingerichteten und ausgeübten Gewerbebetrieb in Betracht.[4] Darüber hinaus steht dem Portalbetreiber das aus Art. 5 Abs. 1 S. 1 GG folgende Recht auf Kommunikationsfreiheit zu.[5] Der BGH hat in der jüngsten Entscheidung zu Bewertungsportalen ausdrücklich hervorgehoben, dass schon der Kommunikationsprozess als solcher und damit der Betrieb des (Klinik-) Bewertungsportals vom Schutzbereich des Art. 5 Abs. 1 S. 1 GG erfasst werde. Der Portalbetreiber als *„unverzichtbare Mittlerperson"* mache den Austausch über Behandlungserfahrungen bei konkreten Kliniken unter nicht persönlich miteinander bekannten Personen erst möglich und das Portal erhebe aus Sicht des Nutzers den Anspruch, ein vollständiges Bild über die abgegebenen und den vorgegebenen Richtlinien entsprechenden Nutzerbewertungen zu zeichnen.[6] Werden die Meinungen der Kritiker nicht nur gesammelt, sondern statistisch ausgewertet und visuell dargestellt oder sogar zu Eigen gemacht, kann sich der Portalbetreiber auch auf den Schutz der Meinungsäußerungsfreiheit gemäß Art. 5 Abs. 1 S. 1 GG berufen.[7] Urteile staatlicher Gerichte, die sich auf Bewertungsportale auswirken, sind daher

---

1 Ansprüche aus dem UWG bleiben außer Betracht. Hierzu *Büscher* GRUR 2017, 433, 436 ff. und *Ohly* GRUR 2017, 441.
2 Ausführlich zu den berührten Grundrechten und den Abwägungskriterien *Schröder* VerwA 2010, 205, 209 ff.
3 BGH, Urt. v. 23.9.2014 – VI ZR 358/13, GRUR 2014, 1228, Rn. 29 – Ärztebewertung II.
4 *Boehme-Neßler* K&R 2016, 637, 638.
5 BGH, Urt. v. 23.9.2014 – VI ZR 358/13, GRUR 2014, 1228, Rn. 28 – Ärztebewertung II.
6 *BGH*, Urt. v. 4.4.2017 – VI ZR 123/16, GRUR 2017, 844, Rn. 24 – klinikbewertungen.de.
7 *BGH*, Urt. v. 4.4.2017 – VI ZR 123/16, GRUR 2017, 844, Rn. 24 – klinikbewertungen.de.

https://doi.org/10.1515/9783110598155-004

Eingriffe in diese dem Portalbetreiber zustehenden Grundrechte und müssen den strengen Schrankenregelungen von Art. 5, Art. 12 und Art. 14 GG standhalten.

Der Kritiker kann sich naturgemäß auf das Grundrecht der freien Meinungsäußerung gemäß Art. 5 Abs. 1 S. 1 GG berufen, was auch der Portalbetreiber als Intermediär zu beachten hat.[8] Bewertungen sind regelmäßig diesem Grundrecht zugängliche Meinungsäußerungen bzw. Werturteile. Vom Schutzbereich des Art. 5 Abs. 1 S. 1 GG werden aber nicht nur Meinungsäußerungen, sondern auch wahre Tatsachenbehauptungen erfasst, die Voraussetzung für die Meinungsbildung sind und auf die sich die Meinungsäußerung stützt.

Im Rahmen der Abwägung sind auch die den Nutzern des Bewertungsportals zustehenden Grundrechte zu beachten:[9] Diesen steht das Grundrecht der Informationsfreiheit zu. Art. 5 Abs. 1 S. 1 GG garantiert die Freiheit, sich aus allgemein zugänglichen Quellen ungehindert zu unterrichten. Eine funktionierende Demokratie lebt vom Diskurs möglichst gut informierter Bürger.[10] Das bedeutet, dass Eingriffe durch staatliche Urteile gerade auch die dem Kritiker und den Portalnutzern zustehenden Grundrechte auf freie Meinungsäußerung und Informationsfreiheit mit den dort geltenden Schrankenregelungen beachten müssen.

Bewertungsportale werden aber nicht nur von diesen Grundrechten geschützt, sondern gleichzeitig von kollidierenden Grundrechten des Betroffenen begrenzt. Hier steht zunächst das aus Art. 2 Abs. 1 iVm Art. 1 Abs. 1 GG folgende allgemeine Persönlichkeitsrecht des Betroffenen. Dieses zentrale Grundrecht schützt die Persönlichkeitssphäre und die Rahmenbedingungen, die für ihre Erhaltung notwendig sind. Im Bereich der Bewertungsportale sind unterschiedliche Ausprägungen des Persönlichkeitsrechts des Kritisierten betroffen: das Recht der persönlichen Ehre und der Anspruch auf soziale Achtung und Geltung,[11] das Recht auf Darstellung der eigenen Person in der Öffentlichkeit und das Recht auf informationelle Selbstbestimmung.[12] Auf das allgemeine Persönlichkeitsrecht können sich über Art. 19 Abs. 3 GG auch juristische Personen berufen, soweit sie aus ihrem Wesen als Zweckschöpfung des Rechts und ihren Funktionen eines Rechtsschutzes bedürfen, was insbesondere dann in Betracht kommt, wenn sie in ihrem sozialen Geltungsanspruch in ihrem Aufgabenbereich betroffen sind.[13]

---

**8** *BGH*, Urt. v. 1.3.2016 – VI ZR 34/15, GRUR 2016, 855, Rn. 31 – www.jameda.de.
**9** *BGH*, Urt. v. 23.6.2009 – VI ZR 196/08, BGHZ 181, 328, Rn. 29 – www.spickmich.de und *BGH*, Urt. v. 23.9.2014 – VI ZR 358/13, GRUR 2014, 1228, Rn. 28 – Ärztebewertung II.
**10** *Boehme-Neßler* K&R 2016, 637, 639.
**11** *BGH*, Urt. v. 1.3.2016 – VI ZR 34/15, GRUR 2016, 855, Rn. 28 – www.jameda.de.
**12** *BGH*, Urt. v. 23.6.2009 – VI ZR 196/08, BGHZ 181, 328, Rn. 27 f. – www.spickmich.de und BGH, Urt. v. 23.9.2014 – VI ZR 358/13, GRUR 2014, 1228, Rn. 26 – Ärztebewertung II.
**13** *BGH*, Urt. v. 4.4.2017 – VI ZR 123/16, GRUR 2017, 844, Rn. 16 – klinikbewertungen.de.

Wird die berufliche Tätigkeit bewertet, wird auch das dem Betroffenen bzw. dem betroffenen Unternehmen zustehende Grundrecht aus Art. 12 Abs. 1 GG berührt sein.[14] Dagegen scheidet Art. 14 Abs. 1 GG aus, weil die Reputation eines Unternehmens nach Ansicht des Bundesverfassungsgerichts nicht vom Schutzbereich dieses Grundrechts und vom Recht am eingerichteten und ausgeübten Gewerbebetrieb umfasst sein soll.[15]

Unterschiedliche Grundrechte unterschiedlicher Grundrechtsträger begründen ein multipolares Grundrechtsverhältnis.[16] Die so im Konflikt stehenden Grundrechte von Portalbetreiber, Kritiker, Nutzern bzw. Öffentlichkeit und Betroffenem müssen im Wege der praktischen Konkordanz aufgrund einer umfassenden Güter- und Pflichtenabwägung unter Berücksichtigung sämtlicher Umstände des Einzelfalls miteinander und gegeneinander abgewogen werden, um zu einer Entscheidung zu kommen. Das alles ist nichts Besonderes, sondern seit Jahrzehnten praktizierte Rechtsanwendung im Medienrecht. Dabei sind die Besonderheiten des digitalen Mediums zu berücksichtigen, anderenfalls problematische Ergebnisse erzielt werden.[17]

## 2 Inanspruchnahme des Kritikers

### a) Anspruchsgrundlagen

Der Betroffene hat gegen den Kritiker als Täter einer unerlaubten Handlung äußerungsrechtliche Ansprüche auf Unterlassung analog § 1004 Abs. 1 S. 2 BGB, wenn über ihn unwahre Tatsachen oder unzulässige Werturteile geäußert werden. Bei der unwahren Tatsachenbehauptung ist die Kreditgefährdung gemäß § 824 Abs. 1 BGB einschlägig, bei der unzulässigen Meinungsäußerung die Verletzung des allgemeinen Persönlichkeitsrechts bzw. die Verletzung des Rechts am Unternehmen als sonstige Rechte iSv § 823 Abs. 1 BGB. Sind auch Straftatbestände erfüllt, wie z. B. die Beleidigung gemäß § 185 StGB, die üble Nachrede gemäß § 186 StGB oder gar die Verleumdung gemäß § 187 StGB, kommt als Anspruchsgrund-

---

**14** *BGH*, Urt. v. 23. 9. 2014 – VI ZR 358/13, GRUR 2014, 1228, Rn. 27 – Ärztebewertung II.
**15** *BVerfG*, Beschl. v. 26. 6. 2002 – 1 BvR 558/91, NJW 2002, 2621, 2625 – Glykolwein; kritisch dazu *Boehme-Neßler* K&R 2016, 637, 641, der darauf hinweist, dass insoweit Erkenntnisse der Wirtschaftswissenschaften über den großen Wert eines positiven Unternehmensimages ignoriert werden.
**16** *Schröder* VerwA 2010, 205, 210.
**17** *Boehme-Neßler* K&R 2016, 637, 641.

lage auch die Verletzung eines Schutzgesetzes gemäß § 823 Abs. 2 BGB in Betracht.

## b) Tatbestandsvoraussetzungen

Zunächst besteht ein Problem darin, dass die meisten Bewertungen regelmäßig zulässige Meinungsäußerungen sein werden, soweit sie auf zutreffender Tatsachengrundlage beruhen. Hat der Kritiker Leistungen des kritisierten Arztes, Rechtsanwaltes oder Hotels tatsächlich in Anspruch genommen, kann und darf er diese Leistungen bis zur Grenze der Schmähkritik grundsätzlich frei bewerten und äußern. Die Vergabe von Schulnoten für vorformulierte Bewertungskriterien wie *„Behandlung"*, *„Aufklärung"*, *„Vertrauensverhältnis"*, *„genommene Zeit"* und *„Freundlichkeit"* in einem Ärztebewertungsportal ist grundsätzlich zulässig.[18] Dagegen kann ein Patient nicht beurteilen, ob ein Arzt eine fachgerechte Diagnose gestellt hat oder ihm ein Behandlungsfehler unterlaufen ist, so dass dahingehende und regelmäßig existenzgefährdende Äußerungen von der Meinungsäußerungsfreiheit nicht gedeckt sind und unterlassen werden sollten. Hat ein Patient ärztliche Leistungen überhaupt nicht in Anspruch genommen, ist jede Meinungsäußerung als fingierte Bewertung unzulässig.[19] Der BGH verweist zutreffend darauf, dass ein berechtigtes Interesse des Bewertenden, eine tatsächlich stattgefundene Behandlung zu bewerten, nicht ersichtlich sei. Entsprechendes gelte für das Interesse des Portalbetreibers, eine Bewertung über eine nicht stattgefundene Behandlung zu kommunizieren. Hier gelten die gleichen Grundsätze wie für erfundene Interviews, die seit der berühmten Soraya-Entscheidung des Bundesgerichtshofs aus dem Jahr 1964 stets eine Persönlichkeitsrechtsverletzung des vermeintlichen Interview-Partners darstellen.[20]

Ansonsten sind Meinungsäußerungen nur dann unzulässig, wenn sie eine Formalbeleidigung oder Schmähkritik darstellen. Eine unzulässige Schmähkritik liegt vor, wenn bei der Äußerung nicht mehr die Auseinandersetzung in der Sache, sondern die Diffamierung des Betroffenen im Vordergrund steht und dieser jenseits polemischer und überspitzter Kritik herabgesetzt und gleichsam an den (digitalen) Pranger gestellt werden soll.[21] Das wäre z. B. anzunehmen, wenn man dem bewerteten Arzt Tiernamen gibt (*„Affe"*, *„Schwein"* o. ä.) oder den bewerteten

---

**18** *BGH*, Urt. v. 1.3.2016 – VI ZR 34/15, GRUR 2016, 855 – www.jameda.de.
**19** *BGH*, Urt. v. 1.3.2016 – VI ZR 34/15, GRUR 2016, 855, Rn. 36 – www.jameda.de.
**20** *BGH*, Urt. v. 8.12.1964, VI ZR 201/63, NJW 1965, 685, Rn. 36 – Exklusiv-Interview; bestätigt von *BVerfG*, Beschl. v. 14.2.1973 – 1 BvR 112/65, NJW 1973, 1221 – Soraya.
**21** Ständige Rechtsprechung, vgl. nur *BGH*, Urt. v. 7.12.1999 – VI ZR 51/99, BGHZ 143, 199, Rn. 39.

Rechtsanwalt als *„Halunke"*, *„Kanaille"*, *„Schuft"* oder *„Halsabschneider"* be-zeichnet.[22] Dagegen hat das LG Berlin die bereits erwähnten Bezeichnungen eines Hochschullehrers als *„Psychopath"* und *„echt das Letzte"* als zulässige Mei-nungsäußerungen angesehen, die die Grenze zur unzulässigen Schmähkritik nicht überschreiten sollen.[23] Das ist nicht mehr vertretbar. Die klageabweisende Entscheidung ist nur im Ergebnis richtig, weil der Portalbetreiber die inkrimi-nierenden Äußerungen unverzüglich nach Beanstandung durch den betroffenen Professor gelöscht hatte.

Vor diesem Hintergrund kann als Zwischenergebnis festgestellt werden, dass die meisten Bewertungen zulässig sein werden und dem Betroffenen schon keine materiell-rechtlichen Ansprüche zustehen.

## c) Durchsetzung

Stehen dem Betroffenen dagegen Ansprüche zu, besteht das Hauptproblem in ihrer Durchsetzung. Denn in aller Regel wird der Kritiker seine Äußerungen im Schutz der Anonymität tätigen, so dass er für den Betroffenen nicht ermittelbar ist und dieser seine Ansprüche faktisch nicht durchsetzen kann. Wie es der BGH in der Grundsatzentscheidung www.spickmich.de klargestellt hat, genießen Mei-nungen, die unter einer E-Mail-Adresse anonym oder unter einem Pseudonym in einem Bewertungsportal im Internet abgegeben werden, den uneingeschränkten Schutz der Meinungsäußerungsfreiheit des Art. 5 Abs. 1 S. 1 GG. Nach Ansicht des BGH würde die Verpflichtung, sich namentlich zu einer bestimmten Meinung zu bekennen, nicht nur im schulischen Bereich, um den es im Streitfall ging, die Gefahr begründen, dass der Einzelne aus Furcht vor Repressalien oder sonstigen negativen Auswirkungen sich dahingehend entscheidet, seine Meinung nicht zu äußern. Dieser Gefahr der Selbstzensur soll durch das Grundrecht auf freie Mei-nungsäußerung entgegengewirkt werden.[24] In einer späteren Entscheidung hat der BGH ergänzt, dass die Möglichkeit zur Abgabe anonymer Bewertungen gerade im Falle eines Ärztebewertungsportals besonderes Gewicht erlange, weil dort die Bewertungen häufig mit der Mitteilung sensibler Gesundheitsinformationen – etwa über den Grund der Behandlung oder die Art der Therapie – verbunden seien. Wäre die Abgabe einer Bewertung nur unter Offenlegung der Identität

---

**22** *Soehring* in: Soehring/Hoene, Presserecht, 5. Aufl. 2013, § 20, Rn. 10.
**23** *LG Berlin*, Urt. v. 31. 5. 2007 – 27 S 2/07, juris, Rn. 9.
**24** *BGH*, Urt. v. 23. 6. 2009 – VI ZR 196/08, BGHZ 181, 328, Rn. 38 – www.spickmich.de.

möglich, bestünde ganz besonders die Gefahr, dass eigentlich bewertungswillige Patienten von der Abgabe einer Bewertung absähen.[25]

Nur in Ausnahmefällen wird der Betroffene aufgrund des Inhalts der Äußerungen erkennen können, wer sein Kritiker ist. Anders ist es dann, wenn zwischen den Parteien ein unmittelbarer Kontakt besteht. Das kommt z. B. bei Bewertungen in Kundenbewertungsportalen nach Durchführung eines Kaufvertrages vor, wie diese von Amazon angeboten werden,[26] oder im Nachgang zu Internet-Versteigerungen wie bei eBay.[27] In diesen Fällen kommen neben äußerungsrechtlichen Ansprüchen auch vertragsrechtliche Ansprüche in Betracht,[28] weil die Kritiker verpflichtet sind, die jeweiligen Nutzungsbedingungen des Plattformbetreibers einzuhalten.[29]

### d) Ermittlung des Kritikers

Kennt der Betroffene seinen Kritiker nicht, ist der Versuch naheliegend, zunächst den Portalbetreiber auf Auskunft der personenbezogenen Daten des Kritikers in Anspruch zu nehmen, um anschließend gegen diesen vorgehen zu können. Ein dahingehender Auskunftsanspruch besteht allerdings nach Ansicht des BGH nicht.[30] Zwar sei in ständiger Rechtsprechung anerkannt, dass nach dem Grundsatz von Treu und Glauben eine Auskunftpflicht bei jedem Rechtsverhältnis bestehe, dessen Wesen es mit sich bringe, dass der Berechtigte in entschuldbarer Weise über Bestehen oder Umfang seines Rechts im Ungewissen und der Verpflichtete in der Lage sei, unschwer die zur Beseitigung dieser Ungewissheit erforderlichen Auskünfte zu erteilen.[31] Für die erforderliche rechtliche Beziehung zwischen Berechtigtem und Verpflichtetem genüge auch ein gesetzliches Schuldverhältnis, das auf §§ 823, 1004 BGB beruhe. Ebenfalls anerkannt sei, dass der Berechtigte auch die Nennung der Namen Dritter zur Ermittlung der Quelle der Rechtsbeeinträchtigung verlangen könne, um künftige Beeinträchtigungen zu

---

**25** *BGH*, Urt. v. 23. 9. 2014 – VI ZR 358/13, GRUR 2014, 1228, Rn. 41 – Ärztebewertung II.
**26** *LG Köln*, Urt. v. 8. 5. 2013 – 28 O 452/12, ZUM-RD 2013, 660.
**27** *OLG Oldenburg*, Urt. v. 3. 4. 2006 – 13 U 71/05, MMR 2006, 556.
**28** *Janal* NJW 2006, 870 ff., *Petershagen* NJW 2008, 953 ff. und ausführlich zur Haftung von Kauf- und Buchungsportalen mit Bewertungsfunktion *Leistner* in: FS Köhler, 2014, S. 415 ff.
**29** Siehe § 7 Ziffer 2 der AGB von eBay: *„Nutzer sind verpflichtet, in den abgegebenen Bewertungen ausschließlich wahrheitsgemäße Angaben zu machen. Die von Nutzern abgegebenen Bewertungen müssen sachlich gehalten sein und dürfen keine Schmähkritik enthalten."*
**30** *BGH*, Urt. v. 1. 7. 2014 – VI ZR 345/13, GRUR 2014, 902 – Ärztebewertung.
**31** *BGH*, Urt. v. 1. 7. 2014 – VI ZR 345/13, GRUR 2014, 902, Rn. 6 – Ärztebewertung.

vermeiden.[32] Dennoch sei dem Portalbetreiber die Herbeiführung des geschuldeten Erfolges gemäß § 275 Abs. 1 BGB rechtlich unmöglich, weil er zur Herausgabe der Anmeldedaten ohne Einwilligung des Kritikers nicht befugt sei.[33] Nach § 12 Abs. 2 TMG dürfe der Diensteanbieter die für die Bereitstellung von Telemedien erhobenen personenbezogenen Daten für andere Zwecke nur verwenden, soweit eine Rechtsvorschrift dies erlaube oder der Nutzer eingewilligt habe. Nach Ansicht des BGH kommt eine Erlaubnis durch Rechtsvorschrift außerhalb des TMG wegen des sog. Zitiergebotes nur dann in Betracht, wenn sich eine solche Vorschrift ausdrücklich auf Telemedien beziehe.[34] Das sei bei dem für Persönlichkeitsrechtsverletzungen aus Treu und Glauben (§ 242 BGB) hergeleiteten allgemeinen Auskunftsanspruch nicht der Fall.[35] Eine Ermächtigung für die begehrte Auskunft ergebe sich auch nicht aus § 14 Abs. 2 TMG.[36] Danach dürfe der Diensteanbieter auf Anordnung der zuständigen Stellen im Einzelfall Auskunft über Bestandsdaten erteilen, soweit dies für Zwecke der Strafverfolgung, zur Gefahrenabwehr durch die Polizeibehörden der Länder, zur Erfüllung der gesetzlichen Aufgaben der Verfassungsschutzbehörden oder zur Durchsetzung der Rechte am geistigen Eigentum erforderlich sei. Eine Ermächtigung zur Auskunftserteilung zu Zwecken des Schutzes von Persönlichkeitsrechten sei darin jedoch nicht enthalten. Eine analoge Anwendung des § 14 Abs. 2 TMG scheide aus, weil es an einer planwidrigen Regelungslücke fehle.[37] Wie es sich aus der Gesetzesbegründung ergebe, sollte mit der Erweiterung der Auskunftsermächtigung nur die mitgliedsstaatliche Verpflichtung zur Sicherstellung bestimmter Auskunftsrechte nach der sog. Enforcementrichtlinie 2004/48/EG umgesetzt werden.[38] Diese Richtlinie beziehe sich aber nicht auf Persönlichkeitsrechte, sondern diene ausschließlich dem Schutz des geistigen Eigentums, um Innovation und kreatives Schaffen zu fördern, den Arbeitsmarkt zu entwickeln und die Wettbewerbsfähigkeit zu verbessern. Nüchtern stellt der BGH am Ende seiner Entscheidung fest, dass die Beschränkung der Ermächtigung zur Auskunftserteilung auf Inhaber von Rechten am geistigen Eigentum zwar wenig nachvollziehbar und eine Ausweitung auf Persönlichkeitsrechtsverletzungen – in Anlehnung an § 14 Abs. 2 TMG in

---

**32** *BGH*, Urt. v. 1.7.2014 – VI ZR 345/13, GRUR 2014, 902, Rn. 7 – Ärztebewertung

**33** *BGH*, Urt. v. 1.7.2014 – VI ZR 345/13, GRUR 2014, 902, Rn. 9 – Ärztebewertung.

**34** *BGH*, Urt. v. 1.7.2014 – VI ZR 345/13, GRUR 2014, 902, Rn. 10 – Ärztebewertung.

**35** *BGH*, Urt. v. 1.7.2014 – VI ZR 345/13, GRUR 2014, 902, Rn. 11 – Ärztebewertung.

**36** *BGH*, Urt. v. 1.7.2014 – VI ZR 345/13, GRUR 2014, 902, Rn. 12 – Ärztebewertung.

**37** *BGH*, Urt. v. 1.7.2014 – VI ZR 345/13, GRUR 2014, 902, Rn. 13 – Ärztebewertung.

**38** *BGH*, Urt. v. 1.7.2014 – VI ZR 345/13, GRUR 2014, 902, Rn. 15 – Ärztebewertung.

Verbindung mit § 101 UrhG, § 19 MarkenG und § 140b PatG – wünschenswert sei, eine solche Regelung jedoch der Gesetzgeber treffen müsste.[39]

### e) Einleitung eines strafrechtlichen Ermittlungsverfahrens?

Kann der Betroffene den Portalbetreiber nicht auf Auskunft in Anspruch nehmen, könnte er durch Stellung einer Strafanzeige ein strafrechtliches Ermittlungsverfahren einleiten, um über diesen Weg durch Akteneinsicht gemäß § 406e StPO den Namen des Kritikers in Erfahrung zu bringen. Hiervon sollte sich der Betroffene nicht viel versprechen. Versteckt sich der Kritiker hinter einer anonymisierten und nicht rückverfolgbaren E-Mail-Adresse, kann er nicht ermittelt werden. Ungeachtet dessen besteht bei den Ermittlungsbehörden wenig Neigung, Äußerungsdelikte auszuermitteln; vielmehr verweisen diese regelmäßig auf den Privatklageweg.[40] Das ist auch verständlich vor dem Hintergrund, dass die Staatsanwaltschaften personell latent unterbesetzt sind und vorhandene Kapazitäten disponieren müssen.

Schließlich können im Bereich des Äußerungsstrafrechts in den letzten Jahren gewisse Verrohungstendenzen nicht geleugnet werden. Von dahingehenden Erfahrungen bleiben auch namhafte Politiker nicht verschont. So soll die auf Facebook getätigte Äußerung eines anonymen Nutzers über die Grünen-Politikerin Renate Künast *„So du hast den Genmais zugelassen man sollte Dich köpfen"* nach Ansicht der Berliner Staatsanwaltschaft keine Schmähkritik, sondern eine zulässige Meinungsäußerung sein, weil eine inhaltlich-politische Auseinandersetzung mit der Arbeit der Politikerin und nicht ihre Diffamierung im Vordergrund stehe.[41] Die auf Anzeige der Politikerin tätig gewordene Berliner Staatsanwaltschaft orientierte sich bei ihrer Rechtsansicht an einer jüngeren Entscheidung des Bundesverfassungsgerichts, mit der die Voraussetzungen für das Vorliegen strafbarer Schmähkritik erheblich verschärft worden sind.[42] Danach sei die Bezeichnung einer Staatsanwältin als *„dahergelaufene Staatsanwältin" „durchgeknallte Staatsanwältin", „widerwärtige, boshafte, dümmliche Staatsanwältin"* und *„geisteskranke Staatsanwältin"* durch einen Rechtsanwalt in einem mit einem Journalisten geführten Telefongespräch nicht zwangsläufig als Schmähkritik einzustufen. Es könne, so das BVerfG, nicht ausgeschlossen werden, dass sich die

**39** *BGH*, Urt. v. 1.7.2014 – VI ZR 345/13, GRUR 2014, 902, Rn. 17 – Ärztebewertung.
**40** *Höch* BB 2016, 1475, 1477, Fn. 26.
**41** Süddeutsche Zeitung, Ausgabe vom 11. September 2017, S. 5.
**42** *BVerfG*, Beschl. v. 29.6.2016 – 1 BvR 2646/15, NJW 2016, 2870.

inkriminierenden Äußerungen ausschließlich auf das dienstliche Verhalten der Staatsanwältin vor allem mit Blick auf die Beantragung des Haftbefehls bezogen hätten.[43] Die Berliner Staatsanwaltschaft ihrerseits begründete ihre Einstellungsverfügung auch damit, dass der Urheber des Facebook-Eintrags nicht festgestellt werden konnte und die in Irland ansässige Facebook Inc. auf ein Auskunftsersuchen nicht reagiert habe.[44] Auch das zeigt, welche Schwierigkeiten bei der Rechtsdurchsetzung im konkreten Einzelfall bestehen.

# 3 Inanspruchnahme des Portalbetreibers

## a) Grundlagen

Damit kann der Betroffene seinen Kritiker regelmäßig nicht in Anspruch nehmen, so dass ihm nur die Inanspruchnahme des Portalbetreibers bleibt, der in einer gerichtlichen Auseinandersetzung nolens volens eine Art Stellvertreterprozess führen muss. Insoweit überrascht es auch nicht, dass allen bisher zu Bewertungsportalen ergangenen Entscheidungen des Bundesgerichtshofs Klagen des Betroffenen gegen den jeweiligen Portalbetreiber zugrunde lagen.[45]

Zunächst folgt aus der bereits dargestellten grundsätzlichen Zulässigkeit des Betriebs eines Bewertungsportals, dass der Betroffene keinen Anspruch auf Nichtbewertung bzw. vollständige Löschung sämtlicher Bewertungen hat.[46] Ein dahingehender Anspruch würde auf ein allgemeines Bewertungsverbot hinauslaufen, was aber der Meinungs-, Kommunikations- und Informationsfreiheit zuwiderlaufen würde. Im Gegenteil gilt in ständiger Rechtsprechung der Grundsatz, dass derjenige, der seine Leistungen öffentlich anbietet, sich einer Kritik seiner Leistung stellen muss.[47] Er hat keinen Anspruch darauf, in der Öffentlichkeit nur so dargestellt zu werden, wie er sich selber sieht oder von anderen gesehen werden möchte.[48] Mittlerweile haben auch das Bundesverfassungsgericht und der

---

**43** *BVerfG*, Beschl. v. 29.6.2016 – 1 BvR 2646/15, NJW 2016, 2870, Rn. 18.
**44** Redaktion beck-aktuell, becklink 2007771.
**45** *BGH*, Urt. v. 23.6.2009 – VI ZR 196/08, BGHZ 181, 328 – www.spickmich.de; *BGH*, Urt. v. 1.7.2014 – VI ZR 345/13, GRUR 2014, 902 – Ärztebewertung; *BGH*, Urt. v. 23.9.2014 – VI ZR 358/13, GRUR 2014, 1228 – Ärztebewertung II; *BGH*, Urt. v. 19.3.2015 – I ZR 94/13, GRUR 2015, 1129 – Hotelbewertungsportal; *BGH*, Urt. v. 1.3.2016 – VI ZR 34/15, GRUR 2016, 855 – www.jameda.de; *BGH*, Urt. v. 4.4.2017 – VI ZR 123/16, GRUR 2017, 844 – klinikbewertungen.de mit Anm. *Hofmann*.
**46** *BGH*, Urt. v. 23.6.2009 – VI ZR 196/08, BGHZ 181, 328 – www.spickmich.de und *BGH*, Urt. v. 23.9.2014 – VI ZR 358/13, GRUR 2014, 1228 – Ärztebewertung II.
**47** *BGH*, Urt. v. 9.12.1975 – VI ZR 157/73, GRUR 1976, 268, 270 – Warentest II.
**48** *BVerfG*, Beschl. v. 10.11.1998 – 1 BvR 1531/96, NJW 1999, 1322, 1323, Rn. 42 – Helnwein.

Europäische Gerichtshof für Menschenrechte klargestellt, dass die Bewertung professioneller Leistungen in Bewertungsportalen grundsätzlich hingenommen werden müsse.[49]

In Betracht kommt nur ein Anspruch auf Unterlassung konkreter Äußerungen, wenn und soweit deren Inhalt rechtswidrig ist, d. h. wie bereits dargestellt bei unwahren Tatsachenbehauptungen oder unzulässigen Meinungsäußerungen (Schmähkritik, Formalbeleidigungen). Der Unterlassungsanspruch setzt voraus, dass der in Anspruch genommene Portalbetreiber eine eigene rechtswidrige Behauptung aufstellt, sich eine fremde rechtswidrige Behauptung zu Eigen macht oder aus sonstigen Gründen für die Verbreitung einer fremden rechtswidrigen Behauptung als sog. mittelbarer Störer haftet.

## b) Haftung wegen Zu-Eigen-Machens fremder Äußerungen

In Bewertungsportalen stellt der Portalbetreiber grundsätzlich keine eigenen Behauptungen auf,[50] sondern verbreitet fremde Behauptungen eines Kritikers, die er sich regelmäßig auch nicht zu Eigen macht.[51] Ein Zu-Eigen-Machen fremder Inhalte kommt nur dann in Betracht, wenn der Portalbetreiber nach außen erkennbar die inhaltliche Verantwortung für die auf seiner Internetseite veröffentlichten Inhalte übernommen oder den zurechenbaren Anschein erweckt hat, er identifiziere sich mit diesen. Das ist nach Ansicht des BGH bei Bewertungsportalen nur dann der Fall, wenn der Portalbetreiber eine inhaltlich-redaktionelle Überprüfung der in seinem Portal eingestellten Nutzerbewertungen auf Vollständigkeit und Richtigkeit vornehme.[52] Die statistische Auswertung zu bestimmten Durchschnittswerten und einer Weiterempfehlungsrate sei, so der BGH, mit einer inhaltlich-redaktionellen Kontrolle nicht vergleichbar, weil der Portalbetreiber dadurch keinen Einfluss auf den Inhalt der Bewertungen nehme. Auch eine automatische Überprüfung durch einen Wortfilter, die darauf ausgerichtet sei, Formalbeleidigungen oder unzulässige Eigenbewertungen zu finden, stelle keine inhaltlich-redaktionelle Kontrolle dar. Das gelte auch für eine sich gegebenenfalls anschließende manuelle Durchsicht, weil auch damit keine inhaltliche Kontrolle der Bewertungen auf Richtigkeit erfolge, sondern es sich lediglich um

---

**49** *BVerfG*, Beschl. v. 29.6.2016 – 1 BvR 3487/14, NJW 2016, 3362 und EGMR, Urt. v. 24.11.2015 – 72966/13 – Kucharzyk/Polen, AnwBl 2016, 261.
**50** *OLG Hamburg*, Urt. v. 30.6.2016 – 5 U 58/13, GRUR-RR 2017, 148, Rn. 32 – Abgewohntes Hotel.
**51** *BGH*, Urt. v. 19.3.2015 – I ZR 94/13, GRUR 2015, 1129, Rn. 24 ff. – Hotelbewertungsportal.
**52** *BGH*, Urt. v. 19.3.2015 – I ZR 94/13, GRUR 2015, 1129, Rn. 28 – Hotelbewertungsportal.

eine weitere Überprüfung auf Einhaltung der Nutzungsbedingungen und etwaiger eigener Rechtspflichten handele.[53]

Dagegen macht sich ein Portalbetreiber fremde Äußerungen zu Eigen, wenn er die Kritik eigenmächtig und ohne Rücksprache mit dem Kritiker ändert und damit seine Rolle als neutraler Vermittler verlässt und eine aktive Rolle übernimmt, wie es der BGH in der Entscheidung vom 4. April 2017 annahm:[54] Die Klägerin betreibt eine Klinik für HNO- und Laser-Chirurgie. Ein Patient wurde dort an der Nasenscheidenwand operiert. 36 Stunden später und nach Verlegung in zwei weitere Krankenhäuser trat bei ihm eine lebensbedrohliche Sepsis mit Leber- und Nierenversagen ein. Der Patient veröffentlichte seinen Erfahrungsbericht im Portal des Beklagten unter dem Pseudonym „X". Er behauptete, dass die Klinik auf Notfälle nicht vorbereitet ist, es bei diesem Standardeingriff zu einer septischen Komplikation kam und das Klinikpersonal mit der lebensbedrohlichen Notfallsituation überfordert war, was beinahe zu seinem Tod geführt hätte. Nachdem die Klägerin den Beklagten zur Entfernung des Beitrags aufgefordert hatte, nahm dieser ohne Rücksprache mit dem Patienten eigenmächtig Änderungen vor, indem er zur Abmilderung der Kritik einen Textteil einfügte und einen Textteil strich. Bei der Äußerung *„Bei einem Standardeingriff kam es zu einer septischen Komplikation"* fügte der Portalbetreiber eigenmächtig die Worte *„wegen meiner besonderen Konstitution"* ein; bei dem Satz *„Polizei und Staatsanwaltschaft haben die Praxis durchsucht und Akten sichergestellt"* strich der Portalbetreiber eigenmächtig die Worte *„und Akten sichergestellt"*.

Wegen dieser mit dem Patienten nicht abgestimmten Änderungen bejahte der BGH nunmehr ein Zu-Eigen-Machen der fremden Kritik und konnte den Portalbetreiber wegen unwahrer Tatsachenbehauptungen zur Unterlassung verurteilen. Die Vorinstanzen hatten durch Beweisaufnahme festgestellt, dass die Klinik der Klägerin ein organisatorisch einwandfreies Notfallsystem installiert hatte und Klinik und Personal auf operationstypische Notfallsituationen vorbereitet und entsprechend geschult waren. Ferner konnte festgestellt werden, dass die lebensbedrohliche Sepsis erst 36 Stunden nach der Operation und nicht *„bei"* dieser eingetreten war.

Jedem Portalbetreiber kann daher nur geraten werden, keine eigenmächtigen Änderungen vorzunehmen, auch wenn gutwillig und ganz im Sinne des Betroffenen Milderungen an der Kritik herbeizuführen beabsichtigt sind.[55]

---

**53** *BGH*, Urt. v. 19.3.2015 – I ZR 94/13, GRUR 2015, 1129, Rn. 28 – Hotelbewertungsportal.
**54** *BGH*, Urt. v. 4.4.2017 – VI ZR 123/16, GRUR 2017, 844 – klinikbewertungen.de mit Anm. *Hofmann*.
**55** So schon *Franz* AfP 2017, 322 und *Meyer* K&R 2017, 495.

## c) Haftung für die Verbreitung fremder Äußerungen und „notice-and-action"-Verfahren

Gerade angesichts dieser Entscheidung des BGH und der von ihr für den Portal-betreiber ausgehenden Warnwirkung werden Fälle eines Zu-Eigen-Machens selten sein. Der Portalbetreiber kann dann nur wegen rechtswidriger Verbreitung fremder Äußerungen als sog. mittelbarer Störer in Anspruch genommen werden. Bei dieser Verbreiterhaftung ist zu beachten, dass der Gesetzgeber in §§ 7, 10 TMG zugunsten der sog. Hostprovider für deren Schadensersatzhaftung und straf-rechtliche Verantwortlichkeit ein Haftungsprivileg geschaffen hat. Danach sind Hostprovider für fremde Inhalte nicht verantwortlich, wenn sie keine Kenntnis von der Rechtswidrigkeit der Informationen haben, die Informationen auch nicht offensichtlich rechtswidrig sind oder wenn sie diese unverzüglich sperren, sobald sie Kenntnis von deren Rechtswidrigkeit erlangen. Dieses Hostprovider-Privileg gilt aber nicht für den in die Zukunft gerichteten Unterlassungsanspruch.[56] Gleichwohl kann der Hostprovider unter dem Gesichtspunkt der mittelbaren Störerhaftung auf Unterlassung in Anspruch genommen werden, weil er durch den Betrieb des Portals die technischen Möglichkeiten für die Verbreitung rechtswidriger Inhalte zur Verfügung stellt und damit einen adäquat kausalen Beitrag für die Rechtsverletzung leistet.[57] Diese Störerhaftung darf aber nach Ansicht des BGH nicht über Gebühr auf Dritte erstreckt werden, welche die rechtswidrige Beeinträchtigung nicht selbst vorgenommen haben. Vielmehr setzt sie die Verletzung zumutbarer Verhaltenspflichteten, insbesondere zumutbarer Prüfungspflichten voraus.[58] Unter Berücksichtigung der Funktion und Aufga-benstellung des Hostproviders sowie mit Blick auf die Eigenverantwortung des unmittelbaren Täters ist ein Hostprovider nicht verpflichtet, die von den Nutzern in das Netz gestellten Beiträge vor der Veröffentlichung auf eventuelle Rechts-verletzungen zu überprüfen. Seine Verantwortlichkeit beginnt in dem Moment, in welchem er Kenntnis von der Rechtsverletzung erlangt.[59] Das Problem besteht darin, dass der Hostprovider nur den von ihm veröffentlichten Beitrag, nicht aber die diesem Beitrag zugrunde liegenden Tatsachen und die Einzelheiten kennt. Das gilt ebenso für den Betreiber eines Bewertungsportals: auch dieser weiß nicht, ob die Kritik auf wahren oder unwahren Tatsachen beruht,[60] wie die Be-handlung durch einen Arzt tatsächlich ablief, ob und inwieweit das Hotelzimmer

---

56 *BGH*, Urt. v. 27.3.2007 – VI ZR 101/06, GRUR 2007, 724, Rn. 7 – Meinungsforum im Internet.
57 *BGH*, Urt. v. 25.10.2011 – VI ZR 93/10, GRUR 2012, 311, Rn. 20 f. – Blog-Eintrag.
58 *BGH*, Urt. v. 25.10.2011 – VI ZR 93/10, GRUR 2012, 311 Rn. 22 – Blog-Eintrag.
59 *BGH*, Urt. v. 25.10.2011 – VI ZR 93/10, GRUR 2012, 311 Rn. 24 – Blog-Eintrag.
60 *v. Pentz* AfP 2017, 102, 115.

wirklich verunreinigt war, ob der Anwalt überhöht oder gesetzeskonform abgerechnet hat etc. Persönlichkeitsrechtsverletzungen sind wegen ihrer Kontextabhängigkeit für Außenstehende ohne nähere Kenntnis des konkreten Sachverhalts schwer bzw. überhaupt nicht zu beurteilen. Und selbst wenn der Portalbetreiber sämtliche Einzelheiten kennen sollte, entbindet ihn das nicht, eine Abwägung zwischen seinem Recht auf Meinungs- und Kommunikationsfreiheit und dem Recht des Betroffenen auf Schutz seiner Persönlichkeit vorzunehmen. Um aus diesem Dilemma einen gangbaren Weg zu finden, hat der BGH für die Haftung des Hostproviders für fremde Inhalte im Internet ein Stufenmodell entwickelt,[61] das er mittlerweile auch für die Haftung des Portalbetreibers für fremde Inhalte anwendet.[62]

Ausgangspunkt dieses Stufenmodells ist, dass ein Portalbetreiber nicht verpflichtet ist, die von den Nutzern in das Netz gestellten Beiträge vor der Veröffentlichung auf eventuelle Rechtsverletzungen zu überprüfen, wenn es hierfür keinen Anlass gibt. Er darf daher grundsätzlich ohne vorherige Prüfung sämtliche Meinungen und Kritiken in seinem Portal veröffentlichen und verbreiten. Alles andere würde den Betrieb des Portals in seiner Existenz gefährden oder erheblich erschweren. Tätig werden muss der Portalbetreiber erst dann, wenn er von einem Betroffenen über eine Verletzung dessen Persönlichkeitsrechte informiert wird. Bei dieser Information muss die Beanstandung so konkret gefasst sein, dass der Rechtsverstoß auf der Grundlage der Behauptungen des Betroffenen unschwer, d. h. ohne eingehende rechtliche und tatsächliche Überprüfung bejaht werden kann. In diesem Fall ist der Portalbetreiber verpflichtet, die Beanstandung an den Kritiker weiterzuleiten und diesen zu einer Stellungnahme innerhalb einer angemessenen Frist aufzufordern. Bleibt die Stellungnahme des Kritikers aus, ist der beanstandete Eintrag zu löschen. Stellt der Kritiker dagegen die Berechtigung der Beanstandung substantiiert in Abrede und ergeben sich berechtigte Zweifel, ist der Betreiber grundsätzlich gehalten, dem Betroffenen dies – anonymisiert – mitzuteilen und gegebenenfalls Nachweise zu verlangen, aus denen sich die von ihm behauptete Rechtsverletzung ergibt. Nunmehr ist wieder der Betroffene gefordert: bleibt seine Stellungnahme aus oder legt er erforderliche Nachweise nicht vor, ist eine weitere Prüfung durch den Portalbetreiber nicht veranlasst; der Eintrag bleibt bestehen. Ergibt sich dagegen aus der Stellungnahme des Betroffenen oder den vorgelegten Nachweisen auch unter Berücksichtigung einer etwaigen Äußerung des Kritikers eine rechtswidrige Verletzung des Persönlichkeitsrechts, ist der beanstandete Eintrag zu löschen. Stets zu beachten ist, dass

---

**61** *BGH*, Urt. v. 25.10.2011 – VI ZR 93/10, GRUR 2012, 311, Rn. 26 f. – Blog-Eintrag.
**62** *BGH*, Urt. v. 1.3.2016 – VI ZR 34/15, GRUR 2016, 855, Rn. 21 ff. – www.jameda.de.

der vom Portalbetreiber zu erbringende Prüfungsaufwand den Betrieb seines Portals weder wirtschaftlich gefährden noch unverhältnismäßig erschweren darf.[63]

Es handelt sich bei diesem Stufenmodell im Ergebnis um ein qualifiziertes „Notice-and-action"-Verfahren:[64] der Portalbetreiber muss in Kenntnis gesetzt werden („notice") und dann handeln („action"). Es ist kein „notice-and-take-down"-Verfahren, d. h. kein Verfahren zur sofortigen Löschung nach Inkenntnissetzung, wie dies bei eindeutigen Verletzungen gewerblicher Schutzrechte im Internet[65] bzw. bei eindeutigen UWG-Verstößen[66] von der Rechtsprechung gefordert wird. Man kann das vom BGH geschaffene „notice-and-action"-Verfahren auch als „Ping-Pong-Spiel" bezeichnen, bei dem der Portalbetreiber als eine Art neutraler Schiedsrichter zwischen den widerstreitenden Positionen handelt.[67]

In der Entscheidung vom 1. März 2016 hat der Bundesgerichtshof die Anforderungen nochmals verschärft und klargestellt, dass die vom Portalbetreiber durchzuführende Überprüfung erkennbar zum Ziel haben müsse, die Berechtigung der Beanstandung des Betroffenen zu klären.[68] Der Portalbetreiber müsse ernsthaft versuchen, sich hierzu die notwendige Tatsachengrundlage zu verschaffen und dürfe sich nicht auf eine rein formale Prüfung zurückziehen. Bei einem Ärztebewertungsportal sei nicht genügend vom Kritiker zu verlangen, die Behandlung in mindestens zwei Sätzen zu umschreiben und den Behandlungszeitraum zu nennen.[69] Vielmehr müsse der Kritiker den Behandlungskontakt möglichst genau beschreiben und belegende Unterlagen (Rechnungen, Terminkarten und -zettel, Eintragungen in Bonushefte, Rezepte o. ä.) möglichst umfassend übermitteln, damit der Portalbetreiber den Behandlungskontakt überprüfen könne. Zumindest sei dem bewerteten Arzt der vom Patienten bekannt gegebene Behandlungszeitraum mitzuteilen, damit dieser den behaupteten Behandlungszeitraum überprüfen könne. Dieser könne dann zumindest ausschließen, dass die Behandlung zu einem Zeitpunkt stattfand, als die Praxis aus urlaubs- oder krankheitsbedingten Gründen geschlossen war.

Der Portalbetreiber trägt damit eine sekundäre Darlegungslast, in deren Rahmen er auch zu Nachforschungen verpflichtet ist. Kommt er dieser prozessualen Obliegenheit nicht nach, ist die Behauptung des Bewerteten, der Bewer-

---

63 *BGH*, Urt. v. 1.3.2016 – VI ZR 34/15, GRUR 2016, 855, Rn. 40 – www.jameda.de.
64 Zutreffend *Lauber-Rönsberg* MMR 2014, 10, 12.
65 *BGH*, Urt. v. 17.8.2011 – I ZR 57/09, GRUR 2011, 1038, Rn. 21, 39 – Stiftparfüm.
66 *BGH*, Urt. v. 19.3.2015 – I ZR 94/13, GRUR 2015, 1129, Rn. 42 – Hotelbewertungsportal.
67 *Höch* BB 2016, 1475, 1478.
68 *BGH*, Urt. v. 1.3.2016 – VI ZR 34/15, GRUR 2016, 855, Rn. 42 – www.jameda.de.
69 *BGH*, Urt. v. 1.3.2016 – VI ZR 34/15, GRUR 2016, 855, Rn. 43 – www.jameda.de.

tung läge kein Behandlungskontakt zugrunde, als zugestanden anzusehen.[70] Der von einer negativen Kritik Betroffene ist daher gut beraten, genau zu überprüfen, ob die Kritik tatsächlich von Jemanden stammen kann, der die bewerteten Leistungen in Anspruch genommen hat. Ist das zweifelhaft oder für den Bewerteten aufgrund der anonym gebliebenen Kritik nicht überprüfbar, sollte der Behandlungskontakt mit Nichtwissen bestritten werden.[71]

Im jüngsten Urteil vom 20. Februar 2018 hat der BGH klargestellt, dass sog. Premium-Pakete, die interessierten Ärzten gegen Entgelt angeboten werden und mit denen bei Aufruf sämtliche im räumlichen Umfeld konkurrierende Ärzte gleicher Fachrichtung mit besserer Bewertung als Anzeige präsentiert werden, wohingegen diese Werbung bei Aufruf der zahlenden Ärzte unterdrückt wird, mit der erforderlichen Neutralität des Portalbetreibers nicht in Einklang zu bringen sind.[72] In diesem Fall hat ein betroffener Arzt sogar einen Anspruch auf vollständige Löschung seiner Bewertungen.

---

**70** *BGH*, Urt. v. 1. 3. 2016 – VI ZR 34/15, GRUR 2016, 855, Rn. 47 ff. – www.jameda.de.
**71** *Breun-Goerke* WRP 2017, 383, 384 weist aber zutreffend darauf hin, dass es sich als rechtsmissbräuchlich herausstellen könnte, wenn ein betroffener Arzt bei Negativbewertungen pauschal immer die Durchführung der Behandlung bestreitet.
**72** *BGH*, Urt. v. 20. 2. 2018 – VI ZR 30/17, noch unveröffentlicht.

# V Fazit und Kritik

Für den in Bewertungsportalen kritisierten Betroffenen ist es ausgesprochen schwierig, Ansprüche auf Unterlassung und damit Löschung der Kritik durchzusetzen, wenn sie ihm überhaupt zustehen. Es steht außer Frage, dass Bewertungsportale grundsätzlich zulässig sind und einen sinnvollen Beitrag für den Verbraucherschutz durch Information leisten und insoweit die Markttransparenz erhöhen können. Das gilt aber nur dann, wenn die Kritik sachlich bleibt und auf wahren Tatsachen beruht. Es gibt kein „Grundrecht auf Spaß" [1] oder ein Grundrecht, im Schutze der Anonymität im Internet über einen anderen ungehindert und ohne rechtliche Konsequenzen herziehen zu können. Immerhin hat der BGH das mit Bewertungsportalen verbundene Missbrauchspotential mittlerweile erkannt und zum Schutze des Kritisierten ein materiell-rechtliches Beanstandungs- und Nachweisverfahren entwickelt, mit dem der Betroffene sich auch gegenüber dem Portalbetreiber gegen unwahre Tatsachenbehauptungen und unzulässige Schmähkritik wehren kann. Er kann auch bestreiten, dass der Kritiker seine Leistung in Anspruch genommen hat. Erbringt der Kritiker hierfür keinen hinreichenden Nachweis, ist die Kritik zu löschen. Hiervon profitieren nicht nur der Betroffene, sondern alle Nutzer und am Ende das Portal selbst, indem der Öffentlichkeit verlässlichere Informationen zur Verfügung gestellt werden. Dagegen stellt sich das „notice-and-action"-Verfahren für den Portalbetreiber als sehr zeitaufwändig und kostenintensiv dar. Hinzu kommt, dass nur in 17 % aller Fälle eine Rückmeldung vom Kritiker erfolgt, so dass 83 % der Kritik auf die Beanstandung des Betroffenen hin sofort entfernt wird [2] – ein Kollateralschaden an der Kommunikationsfreiheit, der auch als „Chilling effect" bezeichnet wird. [3]

Ein Grundproblem stellt nach Ansicht des *Verf.* der uneingeschränkte Schutz der anonymen Meinung im Internet dar, jedenfalls, soweit es um Bewertungsportale geht. Im Gegensatz zu Meinungsforen und Blogs sind bei produkt- bzw. unternehmensbezogener Kritik in Bewertungsportalen erhebliche Auswirkungen auf das berufliche Fortkommen zu besorgen; in Einzelfällen kann sogar die wirtschaftliche Existenz des Bewerteten auf dem Spiel stehen. Die Begründung des BGH für den uneingeschränkten Schutz der anonymen Meinung, eine Verpflichtung, sich namentlich zu einer bestimmten Meinung zu bekennen, würde nicht nur im schulischen Bereich die Gefahr begründen, dass der Einzelne aus

---

**1** *Ladeur* JZ 2009, 966, 968.
**2** Angabe des Leiters der Rechtsabteilung von google Deutschland auf der GRUR-Jahrestagung am 13. Oktober 2016 in München.
**3** *Hofmann* ZUM 2017, 102, 105.

https://doi.org/10.1515/9783110598155-005

Furcht vor Repressalien oder sonstigen negativen Auswirkungen sich dahingehend entscheidet, seine Meinung nicht zu äußern (Gefahr der Selbstzensur),[4] mag
für Lehrerbewertungsportale und damit für den seinerzeit entschiedenen Einzelfall gelten. Diese Begründung passt aber nicht auf andere Portale. Welche
Repressalien oder sonstige Nachteile kann ein Arzt, Anwalt oder Hotelbetreiber
dem Patienten, Mandanten oder Hotelgast zufügen, der ihn in einem Portal
schlecht bewertet hat? Dieser Kritiker wird nach der Veröffentlichung seiner
Fundamentalkritik längst auf Alternativen ausgewichen sein und nie wieder-
kommen. Der BGH verkennt auch, dass die anonyme Meinung keinen Kommunikationsprozess auslöst, sondern nur einseitige Kritik darstellt, mit der aufgrund
der Anonymität ein Meinungsaustausch von vornherein ausgeschlossen wird.
Über das Internet ist daher gerade kein umfassenderer Meinungsaustausch
möglich als an Elternsprechtagen, wie es der BGH aber meint.[5] Auch dürfte die
Anonymität kaum dem Leitbild eines mündigen Bürgers entsprechen, zu dem ein
Schüler aber erzogen werden soll.[6] Wenn der BGH später ergänzt, die Möglichkeit
zur Abgabe anonymer Bewertungen erlange auch bei einem Ärztebewertungsportal ganz besonderes Gewicht, weil die Bewertung eines Arztes häufig mit der
Mitteilung sensibler Gesundheitsinformationen verbunden sei (Grund der Behandlung, Art der Therapie), so dass die Abgabe einer Bewertung nur unter Offenlegung der Identität besonders die Gefahr begründe, dass eigentlich bewertungswillige Patienten im Hinblick darauf von der Abgabe einer Bewertung
absehen,[7] handelt es sich um eine unbelegte subjektive Einschätzung des Ge-
richts. Hierbei verkennt der BGH, dass bei einem großen Teil insbesondere der
jüngeren Bevölkerung eine hohe Bereitschaft zur Selbstpreisgabe von Daten,
Fotos und Informationen über die eigene Persönlichkeit besteht, worauf der Erfolg
der sozialen Netzwerke beruht. Vor allem berücksichtigt der BGH nicht hinrei-
chend die dunkle Schattenseite der digitalen Anonymität:[8] wenn der Kritiker im
Schutze der digitalen Anonymität keine rechtliche und soziale Verantwortung für
den eigenen Beitrag übernehmen muss, kann das zu einem drastischen Absinken
aller psychologischen und sozialen Hemmschwellen bis zu einer vollständigen
Enthemmung führen, was letztendlich in feindseligen, herabsetzenden und
hasserfüllten Kommentaren zum Ausdruck kommt. Insofern sollte die Recht-

---

4 *BGH*, Urt. v. 23.6.2009 – VI ZR 196/08, BGHZ 181, 328, Rn. 38 – www.spickmich.de.
5 *Wiese* JZ 2011, 608, 614.
6 *Wiese* JZ 2011, 608, 612, Fn. 55.
7 *BGH*, Urt. v. 23.9.2014 – VI ZR 358/13, GRUR 2014, 1228, Rn. 41 – Ärztebewertung II.
8 *Boehme-Neßler* K& R 2016, 637, 642.

sprechung überdenken, ob sie an dem uneingeschränkten Schutz der anonymen Meinung in Bewertungsportalen weiterhin festhält.[9]

Ein weiteres Problem stellt der nicht vorhandene Anspruch des Betroffenen gegen den Portalbetreiber auf Auskunft über die Person und die Adresse seines Kritikers dar. Gerade hierdurch wird der anonyme Kritiker geschützt, weil er darauf vertrauen kann, dass der Portalbetreiber seine registrierten Daten nicht herausgibt und ein etwaiger Prozess nicht gegen ihn, sondern allenfalls gegen den Portalbetreiber geführt werden kann. Nach Ansicht des *Verf.* sollte der Prozess aber dort geführt werden, wo er auch hingehört: zwischen dem Betroffenen und seinem Kritiker. Dass alle höchstrichterlichen Entscheidungen des BGH in einem Stellvertreterprozess gegen den jeweiligen Portalbetreiber ergangen sind, sollte zu denken geben.

An dieser für den Betroffenen und den Portalbetreiber unbefriedigenden Situation hat auch das mittlerweile in Kraft getretene Netzwerkdurchsetzungsgesetz nichts geändert. Zwar hatte der Gesetzgeber in Art. 2 ursprünglich vorgesehen, unter Änderung von § 14 Abs. 2 TMG einen Auskunftsanspruch für Persönlichkeitsrechtsverletzungen jeder Art zu regeln.[10] Dagegen beschworen Kritiker jedweder Richtung eine Bedrohung der Kommunikationsfreiheit im Netz *„in ihrem Kern"* und das Ende der Anonymität im Internet herauf[11] und konnten sich am Ende durchsetzen: gemäß § 14 Abs. 3 TMG idF vom 1. September 2017 erhalten jetzt nur Betroffene von schwerwiegenden Persönlichkeitsrechtsverletzungen im Anwendungsbereich des neuen Gesetzes (sog. „hate speech") im Einzelfall einen Auskunftsanspruch nach den Bestandsdaten des Täters, der aber gemäß § 14 Abs. 4 TMG einem Richtervorbehalt unterliegt, d. h. nur bei vorheriger gerichtlicher Anordnung erfüllt werden darf. Insofern hat sich für den Betroffenen einer

---

**9** Ebenso *Kühling* NJW 2015, 447, 448. Eine Änderung des § 13 Abs. 6 TMG wäre hierfür keine zwingende Voraussetzung. Zwar hat danach ein Diensteanbieter die Nutzung von Telemedien anonym oder unter einem Pseudonym zu ermöglichen, soweit dies technisch möglich und zumutbar ist. Die so angelegte Anonymität ist aber auf das Verhältnis Diensteanbieter – Nutzer bezogen, nicht auf das Verhältnis gegenüber dem Betroffenen.
**10** Regierungsentwurf eines Gesetzes zur Verbesserung der Rechtsdurchsetzung in sozialen Netzwerken vom 5. April 2017, abrufbar unter https://www.bmjv.de/SharedDocs/Gesetzgebungs verfahren/DE/NetzDG.html.
**11** Vgl. die insoweit übereinstimmenden Stellungnahmen von Reporter ohne Grenzen e.V., des Freiwillige Selbstkontrolle Multimedia-Diensteanbieter e.V., des Verbandes der Internetwirtschaft e.V. (eco) und von google/YouTube, abrufbar unter https://www.bmjv.de/SharedDocs/Gesetze bungsverfahren/DE/NetzDG.html.

negativen Kritik in Bewertungsportalen nichts verbessert. Unverändert besteht an dieser Stelle eine dringende Aufgabe für den Gesetzgeber.[12]

Wie der *Verf.* es bereits an anderer Stelle vorgeschlagen hat,[13] sollten anstelle des zeitaufwändigen und kostenintensiven „notice-and-action"-Verfahrens bestimmte Mindestanforderungen an den Betrieb eines Bewertungsportals im Sinne vorverlagerter Verhaltenspflichten aufgestellt werden, bei deren Erfüllung seine Haftung grundsätzlich ausscheidet. Hierzu bietet sich die Übertragung der seit Jahrzehnten gefestigten Rechtsprechung des BGH zum vergleichenden Warentest an.[14] Danach sind die Veröffentlichungen der Ergebnisse von Warentests zulässig, wenn die dem Testbericht zugrunde liegende Untersuchung neutral, objektiv im Sinne eines Bemühens um Richtigkeit und sachkundig durchgeführt wurde und sowohl die die Art des Vorgehens bei der Prüfung als auch die aus den Untersuchungen gezogenen Schlüsse vertretbar erscheinen.[15] Die Übertragung dieser Grundsätze auf Bewertungsportale erscheint ungeachtet aller Praktikabilitätsvorteile auch deshalb gerechtfertigt, weil Portalbetreiber gegenüber der Öffentlichkeit regelmäßig in Anspruch nehmen, aussagekräftige Bewertungsergebnisse wiederzugeben, durch die dem Nutzer eine Orientierung ermöglicht wird.[16] So wirbt z. B. das Ärztebewertungsportal www.jameda.de (*„Deutschlands größte Arztempfehlung"*) mit dem Qualitätsanspruch, für echte und qualitativ hochwertige Bewertungen zu sorgen, auf die sich der Nutzer verlassen kann, keine Bewertungen von Agenturen oder Selbstbewertungen durch Ärzte zu akzeptieren, alle Ärzte gleich zu behandeln und alle Bewertungen nach den rechtlichen Vorgaben zu prüfen und zu veröffentlichen und nicht käuflich zu sein.[17] Das Portal nimmt daher gegenüber der Öffentlichkeit die von der Rechtsprechung zum vergleichenden Warentest aufgestellten Zulässigkeitskriterien der Neutralität, Objektivität und Sachkunde selbst in Anspruch und sollte diese dann auch einhalten.

---

**12** *Spindler* EWiR 2014, 711, 712, *Paal* MMR 2016, 422, 424 und *Wagner* in: MüKo, 7. Aufl. 2017, § 823 Rn. 756. Die Einführung eines auf Persönlichkeitsrechtsverletzungen bezogenen Auskunftsanspruch wurde auch schon von der Abteilung IT- und Kommunikationsrecht des 69. Deutschen Juristentags 2012 auf Vorschlag von *Spindler* in: Verhandlungen 69. DJT, Bd. I, Gutachten F 111 f. gefordert (Beschluss Nr. 18).
**13** *Franz* WRP 2016, 1195, 1200 ff.
**14** So bereits *Peifer/Kamp* ZUM 2009, 185, 188 f. Auch *Gomille* ZUM 2009, 815 ff. und *Kirchberg* DVBl 2016, 1289, 1296 fordern zumutbare Schutzvorkehrungen gegen etwaige Manipulationen und zur Sicherung eines Höchstmaßes an Objektivität und Aktualität. Gegen die Übertragung der Grundsätze der Warentest-Rechtsprechung aber OLG Hamburg, Urt. v. 10.11.2015 – 7 U 18/15, MMR 2016, 355, Rn. 14 für das Bewertungsportal www.yelp.de und *Büscher* GRUR 2017, 433, 441.
**15** *BGH*, Urt. v. 9.12.1975 – VI ZR 157/73, GRUR 1976, 268 – Warentest II.
**16** *Peifer/Kamp* ZUM 2009, 185, 188.
**17** https://www.jameda.de/qualitaetssicherung/

Mindestanforderungen im Hinblick auf den neutralen, objektiven und sachkundigen Betrieb eines Bewertungsportals wären:[18]

- neutrale und äquidistante Position des Portalbetreibers zwischen Kritiker und Betroffenem;
- beschränkter Nutzerkreis, wenn ein generelles öffentliches Interesse an den Bewertungen nicht besteht, wie z.B. bei Lehrern, Hochschullehrern etc.;
- verpflichtende Nutzerregistrierung und -verifizierung unter Angabe von Name, Adresse und Telefonnummer und einer verifizierbaren E-Mail-Adresse;
- Aufstellung eines strengen Verhaltenskodex' und Nutzungsbedingungen;
- Vorgabe sachkundiger Bewertungskriterien;
- Mindestanforderungen an die Kontrolle, Auswahl, Gewichtung und Aktualität der Bewertungen;
- Installierung einer Wortfiltersoftware zum Aufdecken unzulässiger Beleidigungen, Schmähkritik und Eigenbewertungen;
- transparente Darstellung des Zustandekommens der Bewertungen;
- Recht auf Gegenrede zugunsten des Betroffenen;
- Installierung eines Abuse-Buttons;
- Verzicht auf Archivierung;
- und vor allem eine Abschirmung gegen Suchmaschinen.

Sämtliche hier dargestellten Mindestanforderungen können technisch umgesetzt werden und werden von vielen Portalbetreibern zumindest teilweise umgesetzt. Grenze ist immer, dass diese vorverlagerten Verhaltenspflichten nicht das Geschäftsmodell eines Portalbetriebs wirtschaftlich gefährden oder die Tätigkeit unverhältnismäßig erschweren dürfen.

---

18 Zu den Einzelheiten *Franz* WRP 2016, 1195, 1201 ff.

# Schriftenreihe der Juristischen Gesellschaft zu Berlin

https://doi.org/10.1515/9783110598155-006